高校图书馆智慧化管理与
服务体系构建

李晓玲　王一丹　赵勇宏　编著

吉林大学出版社

长春

图书在版编目(CIP)数据

高校图书馆智慧化管理与服务体系构建 / 李晓玲，
王一丹，赵勇宏编著. --长春:吉林大学出版社，
2021.9
ISBN 978-7-5692-8802-5

Ⅰ. ①高… Ⅱ. ①李… ②王… ③赵… Ⅲ. ①院校图
书馆-图书馆管理-研究②院校图书馆-图书馆服务-研
究 Ⅳ. ①G258.6

中国版本图书馆 CIP 数据核字(2021)第 182755 号

书　　名　高校图书馆智慧化管理与服务体系构建
　　　　　　GAOXIAO TUSHUGUAN ZHIHUIHUA GUANLI YU FUWU TIXI GOUJIAN

作　　者　李晓玲　王一丹　赵勇宏　编著
策划编辑　吴亚杰
责任编辑　吴亚杰
责任校对　柳燕
装帧设计　王茜
出版发行　吉林大学出版社
社　　址　长春市人民大街 4059 号
邮政编码　130021
发行电话　0431-89580028/29/21
网　　址　http://www.jlup.com.cn
电子邮箱　jdcbs@jlu.edu.cn
印　　刷　北京印之泰图文设计有限公司
开　　本　787mm×1092mm　　1/16
印　　张　7
字　　数　165 千字
版　　次　2022 年 9 月　第 1 版
印　　次　2022 年 9 月　第 1 次
书　　号　ISBN 978-7-5692-8802-5
定　　价　65.00 元

前　言

　　近年来，以智能技术为代表的信息技术迅猛发展，信息技术的不断深化以及图书馆服务理念的不断转型，促使高校图书馆向智慧图书馆发展。高校智慧图书馆是将智能技术运用在高校图书馆建设中形成的一种现代化建筑，是智能建筑与高度自动化管理的数字图书馆的有机结合和创新。它是基于自动化和信息技术的人性化以及即时的文献信息服务而集成的。高校智慧图书馆通过利用新型信息技术改变用户和图书馆系统信息资源交互的方式，提高交互的准确性、灵活性，实现智慧化管理和服务的图书馆模式。高校智慧图书馆是适应信息时代和社会经济飞速发展的必然产物，同时智能化建筑技术的日益成熟、信息技术的发展也推动了高校智慧图书馆的发展。

　　本书共分为五章。第一章是高校图书馆的总体论述，内容涉及高校图书馆社会化开放研究以及我国高校图书馆数据素养教育研究等。第二章研究的是高校图书馆智慧化建设与管理，主要围绕高校智慧图书馆的内涵阐释、高校图书馆智库建设与管理等方面进行论述。第三章是高校图书馆智慧化服务的理论分析，在对高校图书馆服务的理论基础进行阐释后，重点探讨了高校智慧图书馆的服务现状及优化对策。第四章研究的是高校图书馆智慧化学科服务体系构建，首先是高校图书馆学科化服务的理论阐释，其次为高校图书馆智慧化学科服务的发展与建设，最后是基于用户需求的高校图书馆智慧化学科服务模式构建。第五章对高校智慧图书馆知识服务体系构建进行研究，在对高校图书馆知识服务的相关理论进行阐释的基础上，重点对高校智慧图书馆的知识服务模式进行研究。

　　本书在写作过程中参阅了许多有价值的文献资料，借鉴了很多专家和学者的宝贵经验，在此向他们表示衷心的感谢。由于作者水平有限以及客观条件的限制，书中难免存在一些疏漏和不妥之处，真诚希望广大读者能够予以批评指正。

作者

2021 年 5 月

目　　录

第一章　高校图书馆概述

高校图书馆作为大学文化建设的前沿阵地、大学文化资源的聚集地,支持教学和科学研究成为学校发展的重要保障;发挥其教育职能,为大学生的价值观养成起到引领作用;拓展服务领域,结合时代的特征开展活动;发挥信息服务职能,满足师生在新时期的需求。高校图书馆要发挥其核心价值作用,保证教学质量和促进科学研究顺利完成,为学校的发展作出积极贡献。本章是高校图书馆的总体论述,内容涉及高校图书馆社会化开放研究以及高校图书馆信息素养教育研究等。

第一节　高校图书馆社会化开放研究

一、高校图书馆社会化开放概述

(一)高校图书馆社会化开放的概念

对于高校图书馆社会化开放的概念,迄今为止还没有形成统一的定义。一般认为,高校图书馆社会化开放有广义和狭义的区别。第一种广义的高校图书馆社会化开放的意思是高校图书馆在其建设、运行以及服务中没有来自传统的束缚,和社会各个方面的团体进行合作,主动参与到社会信息化建设中去的一种行为以及过程。这个概念主要包含三个方面的内容,分别为高校图书馆建设的社会化、运营管理的社会化以及服务的社会化。其次,从狭义上来说,高校图书馆社会化主要指的是该校图书馆服务的社会化,本书主要讨论的是狭义上的概念,即高校图书馆进行社会化开放时服务面向社会的社会化。王玉杰的观点是,高校的图书馆社会化开放指的是大学的图书馆对社会开放,对社会上有需求的读者或者团体开放,给他们查阅馆藏资料信息的权利,同时为他们提供服务,以满足这些人在知识信息方面的需要。付来旭的观点是,高校图书馆的社会化开放是伴随着社会经济的发展和大学进一步的开放改革,在大学图书馆与社会主义经济建设的相关度越来越紧密的背景下,形成的一种在思想上和行动上的开放式的行为。换句话说,就是高校的图书馆走出学校,为所在地的社区、社会以及经济改善提供一定的服务。张金婷认为高校图书馆社会化开放的定义是,大学的图书馆在进行文献信息服务的时候,在走出本校的基础上,打破图书馆仅为本校教师和学生提供服务的传统模式,而向除了本校以外的有知识信息需求的读者开放,在整个社会范围内为一切社会公众提供全面具体的文献信息知识方面的服务。

如果说高校图书馆的社会化开放只是为社会上拥有着高学历的一定人群提供服务和开放,那么,除了他们,还有为老龄以及儿童读者等提供有关的文献以及信息服务算不算社会化开放呢? 在社会中,包含着不同学历背景、不同年龄和性别的复杂人群,这又导致他们的需求也错综复杂。同时,每一所大学的图书馆在文献信息资源建设时都会有一定的倾向性,所以也不可能同时满足每一位社会人员在文献信息方面的需求。所以,高校图书馆的社会化开放就是高校图书馆在为本校教师和学生提供教学以及科研服务的基础上,根据自己图书馆的馆藏、人力资源和配套服务设施等实际情况,和当地的政治、经济、文化的实际需求结合,主动积极地向社会大众提供一定层次和范围的文献信息以及服务,最终达到文献信息的共享和资源利用的最大化。

(二)高校图书馆社会化开放的原则

在高校图书馆社会化开放的进程中,为了让工作进展的效率最大化,同时保证高校图书馆的功能发挥最大作用,有几点重要原则不容忽视。

1. 以人为中心的原则

我国的图书馆精神一开始来自 20 世纪 20—30 年代的图书馆先贤们的济世救国、舍我其谁的爱国精神和爱民精神。随着时代的发展,关于图书馆精神的研究越来越多,什么是图书馆精神,很多人都给了不同的见解。总的来说一般性的图书馆精神是,要体现出人文精神,包含以人为本、服务至上。坚持以人为本、服务至上的原则,也会体现出现代图书馆应有的精神。

《公共图书馆宣言》里面提到无论任何人在使用图书馆时,都不允许有任何不平等的待遇和歧视,这句话就是图书馆精神在当今时代对我们的一个要求。以人为本这个精神在图书馆的工作里主要体现在读者永远处于第一位、服务至上方面。读者就是我们工作的中心,满足读者阅读的需求,为读者创造舒适的借阅环境是图书馆工作的宗旨和追求。主动保护读者权益,一心一意为读者服务,赢得读者满意和尊重,从而使图书馆成为大众直接获取知识的殿堂。"以人为本"这里的"人",在本书主要指高校图书馆的服务对象——读者,包括社会人士和在校师生。满足读者真实信息的客观要求,这是图书馆发展的根本动力和支点。良好的人性化服务必须建立在人性的基础上,因为服务不是僵化的条文,也不是冷漠的循章办事。大学图书馆能否顺利开放,还有一个很大的决定因素,就是高校管理者的思想理念,如果高校管理者能主动树立图书馆社会化开放的理念,那么大学图书馆社会化开放的进程将会加快。当然,高校管理者也并不是主要的决定因素,这要取决于政府政策的制定。

2. 以本校为中心的原则

在这个鼓励全民阅读、终身学习的时代,高校图书馆对外开放是很有必要的。我们都知道,高校图书馆服务的主要对象就是本校所有的教职工以及学生,所以它的第一任务就是一定要保证本校教职工和学生的学习与教学科研任务顺利进行,自习区域也要以满足本校师生为先,无论是国内还是国外,这一点都是共识,无可厚非。就算国外发达国家的高校图书馆在社会化开放方面已经做得很好,有些国家甚至达到了完全社会化开放,但是我们国家高校的图书馆社会化开放一定要根据客观事实,适合我们的国情、校情以及图书馆自身的实际情况,具体问题具体分析,这样就避免了盲目的跟风开放和不切实际的开放。但以本校为主、对外为辅,既不是高校图书馆在进行社会化开放的进程中对非本校社会人士故意设置入馆进行文献阅读和借阅障碍的理由,更不是拒绝社会化开放的借口。

3.因地制宜的原则

由于每个图书馆所处的地域不同,各地区经济状况、人口密度和社会文明程度等存在差异,从而导致高校图书馆自身建设存在着不同,这就决定了我们图书馆的社会化开放要体现出特色。从国家层面来说,我国是社会主义国家,也是发展中国家,而西方国家是资本主义国家、发达国家,西方发达国家目前在高校图书馆社会化开放方面已经十分成熟。举个例子,美国高校图书馆在立法方面是根据各个州图书馆自身实际情况而制定,经费也主要来自政府拨款和捐资助馆,美国大学图书馆的服务对象也是面对全社会的,而且对服务对象进行了细分;在服务内容方面,也真正做到了社会化开放,主要针对校友游客、特殊人群,服务的方式包括基本服务、信息服务、知识服务、空间服务。从以上可以看出,美国高校图书馆的社会化开放已经十分成熟,但是我们知道美国经济社会发达,其发展程度高于我国。根据我国实际的国情,比如城市建设、人口密度、整体教育水平、经济发展程度、创新思想等方面和国外有所不同,所以不能完全照搬国外的政策和规则,否则可能会产生"水土不服"的结果。我们要根据社会以及各个高校实际的情况,具体问题具体分析,策划出一个逐步开放、符合实际的开放形式。以目前的实际情况来看,各个还未进行社会化开放的高校可依据实际情况选择不同角度的开放式服务。例如,在服务对象的选择方面,可以先向周边的大学、社区、科研和企事业的研究人员开放,之后再逐步扩大服务对象的范围。

(三)高校图书馆社会化开放的必要性和可行性

图书馆在现在的信息社会有很大的用武之地,高校的图书馆也担负着不可推卸的责任。每一所高校的图书馆都是培养人才和进行科研的主要机构,一般不同地区的大学图书馆都会拥有各个地区特色的资源和符合高校专业特色的资源。例如,黑龙江大学图书馆馆藏文献的品种与学科覆盖面在全省高校图书馆中首屈一指。现馆藏纸质文献量、中外文数据库、电子图书、电子期刊都很丰富。黑大图书馆的收藏特色:(1)俄文文献:来源广、种类多、数量大,以语言文学类为主,期刊收藏品种丰富;(2)古籍文献:黑龙江大学一直重视对古籍文献的采集收藏,册数和种类繁多,做到了种类全、学术强、版本丰富;(3)民国文献:收藏的民国图书有很多名家精品,学术价值非常高。除此之外,还进行网络资源整合,扩大了数字馆藏,形成了纸质文献与电子文献并重、实体馆藏与虚拟馆藏相结合,学科门类齐全的多类型、多载体、满足学校教学科研需求的文献资源保障体系。这些特殊资源对于领域内的专家和社会上的工作者来说是非常珍贵的,所以在保证这些资源安全的前提下对社会大众开放是很有必要的,同时也是可以实施的。因为对于这些资源来说,有需求的人是有限的,对他们开放直接能满足需求,也可以提高大学图书馆信息资源的使用率。

图书馆的职能一直以来都包括社会教育,从资本主义工业时起,图书馆在对工人进行科学文化教育时就发挥了重要作用。随着社会的发展,人类文明的进步,图书馆的职责也多了起来,当然,高校的图书馆也包括在内。大学图书馆的主要职能是服务在校的教师和学生,起着辅助教学科研与学习的任务,但是高校图书馆的职能也非仅仅如此,其教育的范围不能仅局限于学校。现在是全民阅读时代,是终身学习的年代,在这样的社会背景下,越来越多的人都主动或者被动地接受教育,具有教育职能的高校图书馆很明显不能对此置若罔闻。

1. 高校图书馆社会化开放的必要性

在整个世界范围内,知识更新换代的周期逐渐变短,现在每个人只有不断地学习和进步才能紧跟这个时代的步伐,在这个大背景下,终身学习的理念已经被社会大众所认可了。图书馆一直都是人们追求知识和学习的主要场所,高校图书馆自身所拥有的良好条件被社会大众所关注。同时,在西方发达国家,高校图书馆面向社会开放已经成为一种趋势,每一个社会公众都能够和在校师生拥有着同样使用大学图书馆的权利,例如美国、德国、日本等国家。

我国教育部在 2002 年修订生效的《普通高等学校图书馆规程》中明确规定:有条件的高校图书馆尽可能地向社会开放。也就是说我们国家在 2002 年的时候就已经有了关于社会化开放的规程,并鼓励高校加快社会化开放的进程,为社会进步贡献一份力量。

自 2018 年 1 月 1 日起施行的《中华人民共和国公共图书馆法》是我国首部图书馆专门法,此法律加强了对公共图书馆的管理,也加快了公共图书馆事业的进程,很好地保障了社会公众阅读的权利,其中第四十八条明确指出,国家支持学校图书馆、科研机构图书馆以及其他类型图书馆向社会公众开放。虽然国家在制定法律时使用了"支持"二字,并没有强制性的规定,但是也表现出国家对于高校图书馆向社会开放的趋势的认同,相信在不久的未来,更加详细的关于高校图书馆的法律法规将会出台。

习近平说过,我们的特色社会主义已经进入新时代,我国社会主要矛盾已经转化为人民日益增长的美好生活需要和不平衡不充分的发展之间的矛盾。从性质的划分来看,可以将人类的需求划分为三个层次。首先是物质方面的需要,包括冷暖、吃喝、人类繁衍等基本的生存需要,这是人类最基本的需要。其次是社会方面的需要,在形成物质性需要之后便会出现社会方面的需求,这里面包括社会安全、社会保障、社会公正等方面的需要。最后是心理方面的需要,它是指在精神文化方面的需求,例如三观、道德伦理、获得尊重的需要、梦想追求、自我实现等。目前,中国特色社会主义已经进入新时代,在物质方面的需求已经得到了很大满足,对于社会和心理方面的要求越来越高,例如对教育的要求越来越高,更多追求精神方面的享受等。这些需求仅依靠公共图书馆是很难实现的,随着全民阅读的推广和社会大众对终身学习理念的认同,越来越多的人愿意走进图书馆去提升自己,而高校图书馆对于推动社会发展肩负着重要责任,所以根据实际情况向社会公众开放是有必要的。

对于图书馆本身来说,丰富的馆藏是其优势之处,而这个优势往往又是公共图书馆所不具备的。但是相对于利用率来说,公共图书馆的利用率远远高于大学图书馆,如果每天把那么多的文献资源"静置"于书架上,则会大大削弱大学图书馆实际能发挥的价值。这个时代的发展不会让传统的图书馆发展模式继续安稳地发展下去,传统家园式发展模式只会在未来被这个时代所抛弃。所以高校图书馆顺应时代发展向社会公众开放,从本质上来说,有利于大学图书馆自身的发展,这也会有助于社会的进步,更好地建设社会主义文明社会。

2.高校图书馆社会化开放的可行性

对社会公众来说,随着义务教育的普及,中国人民的文盲率早已经有了很大的降低,学习知识的理念深入人心,尤其是中国家长对自身孩子接受教育的重视程度让人吃惊,知识可以改变命运的思想得到了无数的实践。人们渴望学习,重视教育,终身学习的理念不分年龄层次地深深扎根于人们的脑海中。人们有渴望学习的意愿,有去图书馆的动力。所以高校图书馆不必担心真的开放了以后,图书依然还会闲置,就算公众的阅读习惯目前是倾向于公共图书馆,但是相信只要高校的图书馆真正地迈出这一步,会有越来越多的人愿意去高校图书馆寻找自己所需要的文献信息。

狄更斯曾经说:"我们处在一个最好的时代,也处在一个最坏的时代;我们处在一个智慧的社会,也处在一个愚蠢的社会。"[①]狄更斯想要告诉我们的是,他处在一个由于社会的发展而充满矛盾的社会,当今我们所处的社会,也处在一个矛盾层出不穷的时代。所以既有很多人认为我们所处的时代是一个全民阅读的社会,也有人认为我们所处的时代是一个"伪阅读"的社会,这是因为除了一些真正需要阅读的人,社会上还存在很大一部分伪阅读的人。这些人追求的是碎片式的阅读,追求的是量而不是质,是一种功利性阅读,为了阅读而阅读;还有的专家学者为了学术研究,把阅读局限于某一个知识面,在一定程度上限制了阅读的广度,其中也有一些为了引用而阅读。虽然这些阅读被称为伪阅读,但是我们应该明白,无论现在是大阅读时代还是伪阅读时代,阅读对于高校图书馆来说都是有"市场"的,这个"市场"并不是商业市场,而是指阅读对于图书馆来说是有需求的。现在的大学图书馆不仅在馆藏方面更加丰富全面,而且在硬件配套设施方面也很现代化,例如很多高校的图书馆拥有自助借书还书系统、座位预约系统、数字图书馆以及为师生在图书馆中提供朗读亭和餐饮服务,这些也让大学的图书馆表现出了图书馆人愿意改变传统的思想,表达出了社会化的意愿倾向。从这些层面来说,不仅高校图书馆人具备向社会开放的思想,图书馆也具备向社会开放的能力。

二、高校图书馆社会化开放存在的问题

(一)与高校图书馆相关的制度不完善

1.政策指导缺失导致馆员积极主动性不足

过去高校图书馆的建设基本围绕着本校师生服务,针对本校师生的有关政策已经较为完善,相对来说,高校图书馆社会化开放无论是从国家制定的法律层面还是高校自身来看,都不完善,还有很长的路要走。有关高校图书馆社会化开放的工作对于中国绝大多数高校来说,都是新的工作领域,本身就需要刺激工作人员的动力,政策的缺失会导致工作人员动力上的不足,即使出于图书馆人自身的职业道德和职业追求,对高校图书馆面向社会开放持支持态度,也会采取相对来说比较保守的措施缓慢推动本校图书馆的社会化开放。

---

①　罗崇敏.唯有智慧和尊严天长地久[J].湖北教育(政务宣传),2014(2):52-54.

2.国家层面的政策不完善

针对高校图书馆社会化开放政策的不完善,主要体现国家层面政策的不完善。从国外的情况来看,西方发达国家关于高校图书馆社会化开放相关的体系和运行模式比较完善,而且社会化程度已经十分深入,这些都和这些国家完善的政策制度有关。我国1982年宪法中对图书馆也有相关规定,规定图书馆和其他文化事业要开展群众性的文化活动。从这里我们可以看出,我国政府很早就已经意识到高校的图书馆就应该承担对社会服务的义务和责任,但是,政策却模糊不定,仅仅是号召图书馆,对于图书馆的执行却没有相关的约束。在2002年的规程中也对高校图书馆应该向社会和社区读者开放做了相关的说明。该规程也提出要求是有条件的高校,而非所有的高校,仅说明在实施过程中可以收一定的费用,对服务的对象也没有具体说明。尽管这些规定相对于1982年宪法还是有所进步的,但是二者都是比较空泛的规定,所以导致各个高校实行起来的积极性和主动性不够高,各个高校图书馆实际操作的可能性有所降低,就算真正实施起来也会感觉到不知道从哪里下手。这是因为政策自身的模糊性,给不知道原因的人造成高校自身不重视图书馆社会化开放的错误印象。2018年1月1日的《公共图书馆法》第四十八条再一次规定,国家对学校图书馆、科研机构图书馆以及其他类型图书馆向社会公众开放表示支持。这一规定是在针对公共图书馆的法律条文中提出的,同时也证明了国家对高校图书馆社会化开放的支持态度,相信在不久的将来,专门针对高等学校图书馆的法律也会尽快完善起来。

(二)共建共享的意识不足

1.固有思想的束缚

长久以来,大多数高校的师生和社会人员,都认为高校的一切资源都属于高校并为高校师生服务,高校图书馆也是高校的重要组成部分,自然也"理所应当"地仅为本校师生服务。但是我们应该明白,学校的资金来源是国家的税收,税收来自社会公众,从这点上来看,高校图书馆是有义务向公众提供一定服务的。高校图书馆管理人员对待社会化开放的意识,对未来社会化开放的程度影响很大,但是仅仅具有开放的意识是不行的,还要切实付出行动,主动在图书馆社会化开放方面进行建设,并且积极地进行下去,主动强化自己的共建共享意识。

2.学校师生的过度担忧

目前来说,我国绝大多数高校图书馆的管理者在社会上开放工作的意识已经形成,但是由于相关资金和政策支持力度不够,大多数高校的社会化开放工作都在起步阶段,将本校的图书馆主动积极地面向社会开放的路还很长。一方面,很多高校图书馆工作人员具有社会化开放的意识,这是因为在图书馆工作的人员是具有图书馆精神的,图书馆精神要求以人为本,身为图书馆人出于职业信仰,会很容易接受社会化开放的观点;另一方面,高校图书馆不仅仅由高校工作人员进行管理,同时也受高校领导的管理,所以高校领导的意识也很重要,甚至直接左右本校图书馆社会化开放的大方向。另外,高校学生共建共享的问题也影响着社会化工作的开展。

（三）图书馆制度不完善

1.三阶段的高校图书馆制度均不完善

制度是为了保证一项工作顺利进行,要求所有工作人员遵守的规章制度。一个高校的图书馆制度的完善程度,影响着高校图书馆的工作效率,在社会化开放方面,一个健全的社会化开放制度,能加快高校图书馆的社会化开放进程。目前,就调查结果来看,很多高校图书馆在社会化开放方面还没有形成成文的制度,图书馆社会化开放制度需要进一步完善,资金支持也需要进一步加强,以加快社会化开放的进程。随着社会化进程的加快,社会读者在高校图书馆享受的权利和义务和学校的师生应该等同。

2.社会读者权利和义务制度的缺失

社会读者权利和义务制度上的缺失,会导致同时入馆的本校师生在对社会人员容纳度不够时产生不必要的误会。高校图书馆应明确社会人员的权利和义务制度并且让学校师生知道,学校是可以同时接纳社会人员和本校师生共同使用图书馆一切资源的。

另外,针对社会人员的行为的制度也处于缺失状态。社会人员不同于在校师生,本身存在着复杂性,包括身份的复杂性、职业的复杂性以及来图书馆真实目的复杂性,图书馆应该加强对社会人员的身份以及目的的核实,保证图书馆的安全,也让本校师生有一个安全的环境和校外人员一起使用高校的图书馆资源。行为制度的缺失,会导致少数素质较低的社会人员在无意识间或者有意识地影响其他正常行使自己权利的读者,所以针对社会人员行为的制度也应该建立起来,包括语言文明、举止文明、态度文明,等等。

（四）社会化工作的经费不足

任何活动的开展都需要资金的支持,工作里面的资金支持就是经费,是为了完成工作任务以及为了开展工作任务而进行计划所需要的所有资金。对于高校图书馆,一般高校每年会有专门的经费来支持其正常运行。但是很少有专门针对高校图书馆社会化开放的经费,因为目前在我国,高校图书馆社会化开放普遍程度很低,高校负责人和领导人对于图书馆社会化开放的意识不强,所以很难在每年做学校预算的时候考虑到为图书馆社会化多加预算,甚至我国大部分高校图书馆都没有专门针对社会化开放的预算。

1.经费不足限制了社会化开放的程度

目前,很多高校图书馆社会化开放的程度较低的主要原因在于:一是因为没有专项的资金支持来进行线上和线下的宣传活动;二是如果真的有大量的社会人员涌入图书馆进行借阅,肯定要另外增加人力、物力和财力进行正常的运行,而这又是一笔不小的费用,资金来源如果单靠学校的话也会很难支持下去。经费的不足,限制了高校图书馆推进社会化开放的程度。

2.经费不足导致工作动力不足

一方面,经费不足限制了高校图书馆社会化开放的宣传工作,很多高校图书馆因为经费的问题都没有进行相关的线下宣传活动,只有少数高校图书馆组织馆内工作人员进行过线下的宣传,鼓励社会人员现场办理借阅证,加强社会人员进馆借阅的意识,养成终身学习的习惯,贯彻国家全民阅读的号召以及终身学习的教育理念。另外,经费不足也间接导致高校图书馆工作人员图书馆社会化开放的主动性和积极性不足,这也是人之常情,图书馆的工作人员不同于高校教师,有正常的休息日,他们往往寒暑假也坚持在工作岗位上,开展社会化工作如果没有专门的负责员工,这些工作就会分摊到现在的员工身上,工作强度也会相对加大,所以适当的经费补贴也是合情合理的。

(五)社会化开放形式单一

高校图书馆社会化服务的形式是开放程度的一个指标,从一所高校社会化开放的内容,我们就可以判断该高校社会化开放工作的实际情况。但是,在目前的社会化开放过程中存在一个普遍的难题,就是知识产权的问题,知识产权指的是创作人对其作品享有专利的权利,受国家保护。每个高校图书馆都拥有着巨大的信息资源,所以关于知识产权保护的措施也是高校图书馆十分重视的问题。平时,高校的图书馆仅限本校师生使用,其作用是用于学习研究和引用,而这些高校师生的行为是允许的且是免费的,但当涉及向社会人员开放时,就有可能发生知识产权纠纷,当社会人员批量复制高校还在知识产权保护内的藏书或者电子资源时,就会发生侵犯知识产权的问题。知识产权的问题不但会影响高校图书馆内容的丰富程度,还会影响高校图书馆社会化开放的工作进展,所以,高校图书馆在提供借阅服务的同时,也需要解决知识产权的问题。

当然,我们也应该明白,对于高校的社会化开放,不仅仅局限于高校图书馆向社会开放,还有很多领域可以与社会和政府开展合作。例如本馆特色的资源优势和企业成立研究机构,帮助企业进行科学研究;可以与政府进行合作,对政府信息进行整理,建设专门的信息库;也可以和社会人员共同开展活动,普及全民阅读的理念;还可以深入农村偏远地区,响应国家全民阅读的号召,和农村书屋开展深度的合作等等,这些都是目前我国高校图书馆所欠缺的。未来可以和政府、企业、社会等密切联系,开展全方位、宽领域、多层次的深度合作。

(六)馆员缺乏图书馆精神以及专业的知识

1.馆员普遍学历过低

高校开展社会化服务要求图书馆馆员具有很高的图书馆精神,在没有开展社会化服务之前,高校图书馆馆员都适应了日复一日重复的工作,他们并不希望自己的工作出现太大的改变。在实施社会化服务以后,需要高校图书馆馆员提升图书馆精神和专业知识,从而提升高校图书馆馆员社会化服务的质量,同时推进高校图书馆社会化开放的进程。目前很多高校图书馆的馆员学历都不高,存在着年龄过大、专业技术水平低等问题。高校图书馆的工作相对高校其他部门的工作来说,具有单调性和重复性,一些馆员容易在日积月累的烦琐工作中放松警惕,忽视了专业技能的提升,导致图书馆的服务缺乏活力和创新。高校在对图书馆馆员进行职称评价时,往往对学历以及学术成果的要求比较多,而忽视了图书馆馆员的工作表现,这便会导致高校图书馆的员工对服务态度缺乏应有的重视,不利于服务质量的提升。

高校图书馆往往重视图书馆的现代化设施,而忽略馆员技术素质的提高,导致一些图书馆设施齐全,而真正会操作的图书馆馆员并不多。如果图书馆忽视馆员图书馆精神的建设,就会导致高校的图书馆馆员在对学校师生以及社会人员进行服务时,态度冷漠消极,缺乏必要的热情;对于高校图书馆馆员专业知识的忽视,会影响本校图书馆在师生中以及进馆的社会人员心目中的形象。

2.馆员缺乏图书馆精神

高校的图书馆精神对于高校图书馆来说至关重要,一般高校的图书馆精神都包括以人为本、服务至上,这八个字体现了图书馆的服务要人性化,要以满足人的需求为出发点和落脚点,只有这样,高校图书馆的服务质量无论是对本校师生还是社会人员来说,才会有所提升。图书馆馆员的专业知识除包括运营方面的专业知识,另外还有流通、采购以及分类编目等知识,如果根据工作职责来划分,可以分为采访馆员、系统馆员、参考馆员以及编目馆员等等。缺乏专业的知识,图书馆的正常工作会很难运行,也会导致无暇顾及服务质量,进而影响高校图书馆社会服务的质量。

三、我国高校图书馆社会化开放的对策建议

根据高校图书馆存在的政策不完善影响高校社会化开放的积极性、共建共享的主动性和积极性不足、图书馆制度不完善、经费不足限制社会化工作、社会化开放内容单一、馆员缺乏图书馆精神以及专业知识等问题,本书提出了一些相关的对策建议,以促进我国高校图书馆的社会化开放进程。

(一)完善政策法规为社会化开放提供立法保障

1.完善国家层次的法律

目前,我国针对高校图书馆仅颁布了一部《普通高等学校图书馆规程》,而且内容过于宽泛。虽然在很多年前我国部分高校就已经开始逐步进行社会化开放工作,但是由于没有相关法律政策的支持以及相关国内成功经验的参考,所以大多收效甚微。因此,我国应该尽快出台针对高等学校图书馆的详细法律在这个基础之上,再把有关社会化服务的相关具体要求也列入其中,并且制定的法律法规,应该清晰明了具体,实施时具有可执行性。我国在制定关于高等学校图书馆社会化开放的相关法律时,缺乏相关的法律经验,但国外发达国家关于高等学校图书馆社会化开放的法律已经相当完善,所以可以适当参考借鉴国外的先进经验,这样可以在一定程度上为我国关于高等学校图书馆社会化开放相关法律法规的制定指明一定的方向。

2.完善地方层次的法律

在实际的高等学校图书馆社会化开放相关法律法规的制定过程中,会因具体情况的不同,比如各个图书馆馆情、每个高校校情以及地方实际情况等的不同,需要各个地方的政府给予必要的支持。当地政府应该在国家法律的基础之上,结合地方的实际情况,进行多方面的调研,制定符合当地实际的地方特色法规。地方上的立法相比于国家层次的立法来说更具有针对

性,对于高校来说更具有参考性,在具体实施时效果会更好一些。地方政策法规的制定也具有灵活性的特点,可以根据实际情况进行具体调节,为地方高校图书馆的社会化开放指明方向。另外中国图书馆协会作为中国图书馆在全国范围的、具有学术性质的公益组织,在高校图书馆立法方面更要发挥其功能。中国图书馆协会虽然在立法方面不具有权威性,但是由于中国图书馆协会聚集了大量的图书馆方面的专业人士,他们草拟的政策会更有针对性和科学性。而且,中国图书馆协会和各个高校的图书馆负责人一般联系紧密,在具体操作时会更加方便。中国图书馆协会在立法方面相对来说灵活性更强,可以在具体的实践尝试中,在政策方面为高校提供更加灵活的指导。

(二)加大图书馆宣传力度和增强开放意识

1.充分利用各种信息工具

对于高校的图书馆来说有两个方面可以对社会化服务进行宣传,一个是图书馆自身,另一个是社会。图书馆馆员首先要对社会化开放的政策有足够的了解,然后有的放矢地开展工作,同时,高校的全体师生都要对社会化开放的政策有所了解,这样在社会化开放的进程中才能保持宽容和理解,最后达到支持。但是在高校图书馆社会化进程中难免会遇到高校师生和社会人员产生资源争夺的矛盾,比如座位空间的问题以及样本资源的问题等等,高校图书馆可以根据学校的具体情况,规定社会人员入馆时间,错开本校师生使用图书馆的高峰时间,有效解决和资源有关的问题。对于高校师生的需求可以优先满足,例如利用网络开展"保留图书"工作,由教师与学生制定的参考书可设置保留期限。在进行高校图书馆社会化开放的宣传工作时,要充分利用现代化的信息工具进行有效宣传,仅仅局限于高校图书馆网站的宣传是收效甚微的,要充分利用微信、微博、报纸、网站、社交工具等网络平台的迅速传播功能,尽可能地扩大相关信息的传播。除了利用网络之外,高校图书馆还可以运用自身的优势,和社会各个公益组织举办各种类型的读书宣传活动。总之,高校要摒弃以前老旧的观念,利用一切可利用的资源进行高校图书馆社会化开放的宣传,这是一些工作开展的必要基础。

2.对馆员进行培训

我国高校的图书馆社会化开放,肯定是一个长期的且缓慢上升的过程,需要的是不断探索和进步,需要的是全校师生和领导的重视,这就需要师生以及高校的领导改变自己头脑里老旧的观念,以往的观念认为高校的图书馆仅仅只为师生服务,但是现在要树立起一种不仅仅为本校师生服务还要为社会大众服务的意识,这是高校图书馆现在以及未来的责任和使命,要求图书馆在做好为本校师生服务之后,更加积极主动地面向社会开放,为社会人员提供学习和进步的场所,主动将高校图书馆相关的政策宣传出去。对于如何提高馆员的开放意识和服务态度,高校图书馆可以组织专业人士对图书馆员工进行培训,如针对社会化开放意识的专门培训、有关政策的培训、有关服务内容的培训以及相关技能的培训等,从而提高图书馆馆员在面对社会人员时的服务质量。为了有效提高高校图书馆的服务质量,高校图书馆可以根据自己馆内的实际情况,对馆员的工作制定一些激励政策,以提高馆员的积极性,促使馆员在进行社会化服务时更加热情细心,让馆员的专业技能充分发挥出来。

（三）因地制宜有序展开工作

1.根据实际制定有效的图书馆制度

高校图书馆在没有进行社会化服务之前已经根据本校师生的实际情况,有针对性地制定了一些规章制度。在开展社会化工作以后,由于服务人员和以前相比又扩充了很多,所以旧的规章制度会不适应社会化开放的实际情况,那么在制度上进行更新是必不可少的,具体包括管理培训、薪酬工资、值班制度以及相关的考核。但是突然大刀阔斧地进行制度改革,势必会给高校目前的工作带来一定影响,甚至阻碍正常工作的开展。制度的建设并不是马上就能完成的,所以在具体实施时可以先独立出来一个部门,专门负责社会化方面的工作,在这个基础之上,配合相应的管理培训、薪酬工资、值班制度以及相关考核,将工作分开执行。这不仅可以解决因为突然的制度改变造成的工作混乱,还能比较有效率地完成社会化服务工作,同时避免工作中出现相互推卸责任的问题,从而让工作顺利开展下去。另外,还要对有关知识产权保护的制度高度重视,首先对图书馆馆员进行相关知识产权培训,避免在收集以及加工和传播时发生知识产权纠纷,同时也要对入馆的社会人员进行管理,加强对电子资源的监管,规范社会人员在使用资源时的行为。在入馆制度方面可以学习北大图书馆,社会人员须携带相关证件换取临时阅览证,深圳大学则规定校友需要交80元的费用办证,临时的社会人员入馆也会收取一定的费用。

2.定期对入馆人员进行相关培训

同时,还要对入馆进行借阅以及使用电子资源的用户进行高校图书馆制度方面的培训,这项工作不仅很有必要而且很重要。社会人员不可避免地具有复杂性,无论是从年龄阶段还是职业或者目的来说,都具有不确定因素,素质也良莠不齐。他们对高校图书馆的制度以及资源建设和空间布置相对来说不是很熟悉,为了让图书馆保持开放之前的井然有序和有效的空间利用,定期组织社会人员进行相关的培训是必不可少的。没有纪律不成方圆,在他们平等使用图书馆资源时,理应承担相关责任,爱护馆内的一切资源,按照制度规定使用图书馆的资源空间。在进行有关校外人员制度建设时,关于诚信的制度尤其重要,如果没有诚信,不仅会给自己造成信用上的失信,也会给图书馆造成一定的经济损失,影响日后高校图书馆社会化开放的进程。

（四）拓宽经费渠道

高校图书馆属于高校的组成部分,并不具有营利性质,如果高校图书馆开展了社会化开放工作,由于人力物力的增加,必然要增加一部分开支。高校的非营利性,表明其图书馆经济来源必然需要外部的支持。总的来说,高校图书馆的资金来源主要包括四个方面:国家的财政拨款、高校的图书馆经费、当地政府的财政支持、社会人员的捐赠,另外还有有偿服务。

1.国家和地方增加专项拨款

首先,国家为支持教育事业的建设,每年都会对教育的各级各类学校拨款,国家对教育的重视程度决定着这个国家未来发展的进步速度。国家在对高等学校进行拨款时,可以适当地上调资金比例,高校在拿到这笔资金以后,要对高校图书馆的社会化开放工作重视起来,根据实际情况,切实对高校图书馆社会化开放的工作负起责任,做好相关工作的开支计划,用以加快高校图书馆社会化开放的步伐。另外,高校也可以利用好自己的资源优势和人才优势,与地方企业合作,为地方企业提供专题性参考服务,从而获得一定利益,得到的收入可用以支持图书馆的社会化开放工作。与企业开展合作本身也是社会化开放的内容之一,所得资金用于社会高校社会化开放的工作扩展也是理所应当的。

高校图书馆所属的当地政府,为了当地教育事业的发展,也应该对高校给予必要的支持。高校图书馆本身就和当地的发展有着紧密联系,无论是高校图书馆和政府合作开展相关的"全民阅读"工作,帮助市民树立终身学习的观念,或者和当地的企业合作,促进企业发展,都发挥着促进当地综合实力发展的作用,所以当地政府在资金上支持高校图书馆也是无可厚非的。可以借鉴洛阳市政府和河南科技大学的例子,政府和高校一起建设高校图书馆,允许当地市民持证和高校师生一起平等使用图书馆,共同努力推进河南科技大学图书馆的社会化开放进程。

2.设置专项基金及开展有偿服务

除此之外,高校每年都毕业数千学生,这些都是潜在的支援母校建设的校友,而学生从学校毕业以后就成了社会人员,但还有利用高校图书馆的潜在需要。所以高校可以设置专门支持高校图书馆的专项基金,这些基金可从愿意支援母校建设的毕业生中筹集,将获得的资金用来支持社会化开放工作,支持者的需要也会从中得到满足。另外,图书馆也可以利用科技查新以及知识服务收取一定的费用,增加一定的收入。

(五)探索新型社会化开放

1.根据实际情况与公共图书馆加强合作

目前来说,我国大部分高校在进行社会化工作时,社会化开放服务的类型都过于单一,不够主动,这样的工作模式不利于社会化开放整体进程的发展。黑龙江大学图书馆馆长曾表示计划和黑龙江大学图书馆对面的哈尔滨市图书馆开展深度合作,弥补资源上的不足以及推进黑龙江大学图书馆的社会化开放进程。所以我国的高校图书馆可以和地方的公共图书馆进行深度合作,互相弥补双方在资源上的不足,推进全民阅读的普及。这样做不仅可以互补资源上的不足,也可以在高校图书馆社会化开放之初,缓解社会人员突增带来的压力。比如当周六周日社会人员大规模进校馆进行阅读时,会给空间环境和资源造成的巨大压力。公共图书馆相对于高校图书馆来说,有着丰富的社会人员服务经验,二者合作可以互相交流工作经验,从而为高校图书馆提供宝贵的建议,推动高校图书馆社会化开放工作顺利进行。除此之外,公共图书馆相对于高校图书馆可以互相组织员工进行参观学习,时常交流工作经验。

2.组织多种形式的合作

除了和公共图书馆合作之外,还可以和当地的企业进行深度合作。高校图书馆拥有大量处于科技前沿的文献,对于企业进行创新和产品研究来说具有重要意义,高校图书馆要利用好自己的资源优势和人才优势，与地方企业合作，为地方企业提供专题性参考服务，以此获得一定利益，并将得到的收入投入到图书馆的社会化开放工作之中。例如，江汉大学的机造及自动化专业资源十分丰富，所以江汉大学图书馆利用这个优势和东风汽车公司进行深度合作，不仅包括各种文献资源，还开设研究场所，并为东风企业的员工办理借阅证。另外，和社区以及家庭进行合作，也是一种创新趋势。目前，我国很多的社区都建设有社区图书馆，但事实上社区图书馆的藏书量以及类型都较少，高校图书馆可以结合本馆的实际情况，选择合适的社区进行合作，将常年闲置或者已经换新的旧书赠予或者临时流通至社区图书馆，在提高高校图书馆文献资料使用率的同时，也创新了社会化开放工作的模式。

在和政府合作方面，比如陕西理工学院就和当地的汉中政府进行合作，在学校挂牌成立了"汉中图书馆"，为汉中市民专门成立一个独立的阅览室。另外俄罗斯的"图书馆＋家庭"模式也值得借鉴学习，"图书馆＋家庭"是为了提高全民阅读的普及率，帮助市民树立终身学习的学习观，同时让整个社会重视阅读，这种模式可专门为每个需要的家庭提供适合的阅读大纲，比如为了孩子的成长、技能的提升等等。北京的高校联合112家图书馆组成"首都联盟"，使用交通工具汽车进行流动式的交流阅览服务，也值得我们学习。

（六）招募多种类型图书馆员工

随着高校图书馆社会化进程的加快，社会化的工作也会越来越专业，如果为政府、企业或社区服务，则需要专业化的人才。但就目前的情况来说，我国高校图书馆仅拥有着少量的专业化、高学历馆员，这对于图书馆社会化开放是远远不够的。目前高校图书馆的大部分馆员年龄偏高，学历偏低，学习能力相对不足，要想高校图书馆的社会化工作很好地进行下去，招募具有高学历人才的图书馆馆员是必不可少的举措。

1. 招募具有高学历的图书馆馆员

当然，招募具有高学历的图书馆馆员，也要对图书馆馆员的专业进行一定的限制。对于图书馆来说，我国很早就设置了相关的专业，目前我国针对图书馆专门设置的有图书馆学，研究生阶段设置的还有高水平的图书情报专业。这些专业每年都会毕业大量的优秀人才，而且这些专业毕业的人才都对图书馆充满着热情，如果这些人才真的应聘到和图书馆相关的岗位，那么无论是图书馆的服务质量还是社会化工作的创新，都会给人以耳目一新的感觉。如果高校图书馆想要在社会化开放方面有所突破，引进高学历的专业化人才是很必要的，会给高校图书馆各个方面的工作带来活力。

2. 从公共图书馆招募具有丰富社会化服务经验的员工

除了从高校引进专业的高学历人才以外，还可以从各个公共图书馆招募具有丰富社会化服务经验的员工。因为这些员工除了有着丰富的社会服务经验外，还可以解决很多高校图书馆没有遇到的情况，同高校图书馆的员工交流工作经验，使高校图书馆内的老员工尽快进入到服务社会人士的状态。从公共图书馆招募具有丰富经验的老员工，还可以为高校图书馆制度建设以及资源方面提供宝贵的经验和建议，也同时丰富了图书馆馆员的员工构成，利于社会化开放工作的推进和创新。高校图书馆社会化开放是一个必然趋势，无论是暂未实施开放的高校还是已经逐渐尝试的高校,都需要理论和实践经验的指导,才可以在这条道路上更好地发展下去。未来,随着我国社会的进步,高校图书馆社会化开放进程会不断加快,但同时也会出现很多新的问题,因此应立足于实际,着眼于真实发生的问题,为问题的解决提供更加有效的经验。

第二节　高校图书馆信息素养教育研究

信息资源的开发与利用与人的信息素养高低是密切相关的,具有信息素养的人知道何时需要信息,并具有寻找、评价和有效利用所需信息的能力。因此,为了提高信息资源开发与利用的能力,就必须开展信息素养教育。

一、信息素养的定义

信息素养(Information Literacy)是信息社会的重要概念,是衡量人的信息化的一个重要指标。国外在 20 世纪 70 年代便早有相关研究,信息素养概念的酝酿也始于美国图书检索技能的演变。信息素养这一概念是信息产业协会主席保罗·泽考斯基于 1974 年在美国提出,他将其概括为"利用大量的信息工具及主要信息源使问题得到解答的技术和技能"。[1] 要求人们充分掌握并熟练运用信息资源和信息工具,具备筛选、检索、评估、组织、处理信息的技能。

1989 年,美国图书馆学会将信息素养划分为文化素养、信息意识和信息技能三个层面。并认为信息素养的概念是"具备信息素养的人能够判断什么时候需要信息,并且懂得如何去获取信息,如何去评价和有效利用所需的信息。"[2]这一定义对信息素养的含义做了进一步拓展,要求人们具备这样一种能力,即懂得自己何时需要信息、需要何种信息、怎样获得信息,以及如何评价信息并有效利用信息的能力。这一定义也得到了业内普遍认可。

随着信息社会的不断进步,信息素养的概念也在不断地发展完善。2015 年,《美国大学与研究图书馆协会高等教育信息素养框架》提出:"信息素养是包含反映发现信息、理解信息生产和价值、使用信息创造新知识和参与社群学习的综合能力的集合。"[3]由此看出,信息素养不仅包括发现信息、理解信息的能力,还包括利用信息去创新知识、参与社群学习的能力,信息素养已经成为评价个人创新能力和社交能力的重要指标。

二、国外高校图书馆信息素养教育

(一)美国高校图书馆信息素养教育

2000 年美国大学与研究图书馆协会颁布的《高等教育信息素养能力标准》具有里程碑意

① 王黎平,李征.网络信息环境下高校图书馆情报服务与发展研究[M].北京:光明日报出版社,2018.
② 赵杰.高校图书馆信息资源建设研究[M].北京:海洋出版社,2018.
③ 靳玉乐,张铭凯,郑鑫.核心素养及其培育[M].南京:江苏人民出版社,2018.

义,不仅影响了美国的信息素养教育,而且被译成多国语言,影响多个国家信息素养标准的制定或实施。然而随着时代变迁,旧标准难以适应信息生态环境和高等教育环境的变革,2015年2月,全新修订的《高等教育信息素养框架》的颁布,反映了美国高等教育界和图书情报界对信息素养教育的最新认知,对信息素养实践产生很大影响。《高等教育信息素养框架》并没有给出关于信息素养及信息素养标准的明确定义,《高等教育信息素养框架》指出"它是基于一个互相关联的核心概念的集合,可供灵活选择实施,而不是一套标准。或者是一些学习成果或既定技能的列举",[①]表明了该框架仅限于指导作用,而不是对信息素养教育的具体工作进行硬性规定,采用了"阈概念"的方式,描述新环境下信息素养中最核心的门户概念,如表1-1所示。

表 1-1　美国高等教育信息素养框架

阈值	知识实践	意向
权威是构建的和语境化的	判断权威的不同类型(如学科知识、社会地位、特殊经验); 使用工具和指标判断来源的可信性,了解影响公信力的因素; 了解有学者会挑战的当前权威; 承认权威的内容可能是非正式的,包括各种媒体类型; 承认自己可能正成为某一领域的权威,能认识到由此需要承担的责任,力求准确性、诚实,尊重知识产权; 了解信息生态系统日趋社会化的趋势。	对冲突的观点保持开放心态; 激励自己找到权威的来源; 意识到自己的偏见、世界观对权威的影响和怀疑精神的重要性; 质疑传统的权威观念; 意识到保持这些态度和行为需要不断地自我反思与评价。
信息创建是过程性的	有效表达不同信息创建过程的优势及其局限性; 评估信息产品的创造过程和特定的信息需求之间是否契合; 能区分新旧信息创建过程和传播模式之间的不同; 承认由于包装格式不同,对同一信息可能具有不同的认知; 识别包含静态或动态信息的格式的潜在价值; 测定不同语境、不同格式类型的信息产品的价值; 具备向新的信息产品转换知识的能力; 了解自我选择将影响信息被使用的目的以及所传达的信息。	寻找提示创建过程的产品标记; 判断产品创建过程的价值; 承认知识的创造是通过各种格式或方式的交流进行的; 接受以新兴格式创建的信息的模糊性; 反对将格式与创建过程混为一谈; 理解不同用途的信息具有不同的传播方式。

---

① 张永忠,王乐.信息检索与利用[M].上海:复旦大学出版社,2016.

续表

阈值	知识实践	意向
信息是具有价值的	尊重和合理引用他人的原创观点； 了解知识产权是由法律和社会构建的； 能区分著作权、合理使用、开放存取的不同目的和特点； 理解某些信息生产和传播如何和为什么会被边缘化； 了解信息及其交流的商品化对信息获取、产生与传播的影响； 充分理解隐私和个人信息商品化的相关问题并做出明智选择。	尊重原创观点评估； 尊重知识产生过程中所需要的技能、时间和努力； 将自己视为信息市场的贡献者而非仅仅是消费者； 乐于审视自己的信息权限。
研究即探索	根据信息鸿沟提出研究问题，审视现存的可能矛盾的信息； 确定适当的调查范围； 通过将复杂问题简单化进行研究； 根据需要、环境和探究问题的类型，运用多种研究方法； 管理收集的信息，评估差距和不足； 以有意义的方式组织信息； 综合从多个来源收集的观点； 根据对信息的分析和解释做出合理的结论。	将研究视作开放式的探索和参与； 欣赏革命性的简单问题； 注重好奇心的价值； 保持谦虚； 拥抱研究的"混乱"； 保持开放的心态和批判的立场； 尊重持久性、适应性、灵活性。
学术即交流	在信息生产中对做出共享的他人成果进行引用； 在适当的层次上为学术交流做出贡献； 通过各种途径打破学术交流的障碍； 批判性地评价他人在参与环境下做出的贡献； 能识别学科知识中的主要资源。	认识到经常处于学术交流过程中； 找出本领域内正在进行的交流； 将自己视为学术研究过程中的贡献者而不仅仅是消费者； 认识到学术交流发生于各种场所。
检索即策略性探索	决定能满足信息需求的初始范围； 识别可能产生某一主题或影响信息获取的兴趣团体； 正确地利用发散性思维和收敛性思维进行检索； 利用与信息需求和检索策略相匹配的检索工具； 根据检索结果设计和细化需求和检索策略； 理解信息系统是如何组织的； 正确运用不同的检索语言（如受控词汇、关键词、自然语言）； 有效地管理检索过程和结果。	展示思维的灵活性和创造性； 理解首次检索结果可能有所不足； 寻求专家指导（馆员、教授等）； 认识到信息搜索中的浏览和其他偶然方法的价值； 面对搜索的挑战，指导何时拥有足够的信息，完成任务。

（二）英国高校图书馆信息素养教育

英国教育部门与学术界起初常用信息技能（Information Skills）这一词汇表示信息素养。信息素养研究在英国具有比较悠久的历史，早在 1981 年牛津大学召开的一次国际性会议上，就针对不同教育阶段学校图书馆机构用户进行信息检索能力的教育问题进行了探讨。对于普通的信息通信技术，英国专门制定了国家层面的课程标准用于规范初等教育与中等教育阶段的信息素养教育，并将信息教育课列为必修课。

1990 年，英国国家图书馆和大学图书馆协会开始关注高等教育阶段的信息技能教育情况，发现高校学生的信息技能水平普通较低。为改变这种现状，英国国家图书馆和大学图书馆协会决定成立一个单独机构专门研究高校学生信息技能教育相关问题。该研究机构经过研究给出了一份名为《高等教育信息技能意见书》的文件，该文件对信息技能的构成要素进行了分析研究，对高等教育阶段学生应当具备的信息技能的内涵进行了阐述，并将信息技能划分为 7 项基本能力。此外，文件还对高等教育阶段学生信息技能的培养给出了指导性建议。1999 年，英国图书馆协会下属的学院、大学与国家图书馆协会经过数年的研究，发布了一份关于继续教育与高等教育信息技能标准的文件。文件将信息技能分为 7 项一级指标，每项一级指标之下又细分为数目不等的表现指标。

英国 2011 年新版的信息素养核心模型的 7 大指标分别为：信息需求识别、信息需求研究、检索策略计划、信息获取、信息评价、知识管理和知识展示与创新。这 7 大指标是在对原有指标按照科研和学习流程的重新规划整合的基础上形成的。一方面，它叙述了有信息素养的人在信息运用的各个阶段应具备的能力和技能，按科研和学术活动开展进程罗列了信息素养的评估标准；另一方面，它又揭示了信息使用中的逻辑进程，7 大指标环环相扣，实现了信息从需求阶段向物质成果转换的质的飞跃。

（三）澳大利亚高校图书馆信息素养教育

澳大利亚属于进行信息素养研究较早的国家之一，在美国发表《信息素养主席委员会总结报告》之后不久，澳大利亚联邦教育、科学与培训部就发表了《高等教育机构图书馆的职能》的报告，报告对高等教育机构提出了应当开展信息素养教育的要求。澳大利亚与新西兰信息素养研究所在参考与借鉴美国发布的高等教育信息素养能力标准的基础上，结合澳大利亚与新西兰地区高等教育的具体实际情况，颁布了《澳大利亚和新西兰国家信息素养评估框架》。2004 年，澳大利亚与新西兰高校信息素养研究所与澳大利亚图书馆和信息协会在研究高校信息素养教育与实践反馈的基础上对《澳大利亚和新西兰国家信息素养评估框架》的修订和补充融入了一些关于高校信息素养教育的新思想和新思路，形成并发布了《澳大利亚与新西兰信息素养框架：原则、标准及实践》。该份文件扩大了信息素养的教育对象范畴，认为信息素养教育应当面向所有的社会公民，列出了信息素养教育的 4 条中心原则。并且给出了 6 条帮助个体具备信息素养的具体表现标准。澳大利亚和新西兰信息素养框架中构建了 6 个核心准则，这些核心准则认为，具有信息素养的人：第一，能够识别信息需求和决定所需信息的性质和范围；第二，能够高效地发现需要信息；第三，能批判地评估信息和信息搜寻的过程；第四，能管理搜集和产生的信息；第五，能将新旧信息应用到构建新概念或者知识创新中；第六，能在使用信息时,理解和遵守与信息使用有关的文化、道德、经济、法律和社会问题。

三、我国高校图书馆信息素养教育

(一)高校图书馆与信息素养教育的关系

具有信息素养的人不是与生俱来的,而是需要在后天社会活动中逐步形成完善的。想真正拥有信息素养,最有效的方法就是接受信息素养教育,在高校图书馆开展信息素养教育具有无可比拟的优势。具体表现在:首先,高校图书馆具有国家政策优势。我国的信息素质教育源于文献检索课。教育部于 1984 年 2 月 22 日印发了《关于在高等学校开设文献检索与利用课的意见》的通知,要求各高等学校(包括社会科学和理工农医各专业院校)应当积极创造条件,开设《文献检索与利用》课,之后多次提到高校图书馆开展信息素养教育的重要性。2015 年 12 月教育部印发的《普通高等学校图书馆规程》中也特别指出"图书馆应重视开展信息素质教育,采用现代教育技术,加强信息素质课程体系建设,完善和创新新生培训、专题讲座的形式和内容"。① 其次,高校图书馆拥有丰富的资源支撑。高校图书馆有良好的硬件基础,馆藏资源丰富,既有丰富的馆藏印刷型资源,又有较为丰富的数字资源,且信息技术设备先进,便于资源的检索查询,能充分满足学校各专业教学科研的需要。除此之外,高校图书馆还拥有良好的软件基础。高校图书馆一直致力于服务教学科研,形成了良好的学术氛围,这种氛围极易激发人学习的兴趣和探索的激情。图书馆在长期的读者服务工作中积累了丰富的读书育人经验,馆员丰富的信息检索经验可以给予读者最直接的帮助。因此,高校图书馆有责任也有义务承担起高校的信息素养教育。

(二)我国的信息素养概念

我国学者对信息素养所下的定义是,所谓信息素养教育指为启发人的信息意识,提高人的信息能力,提升人的信息道德水平所进行的一系列社会教育和培训活动。其目的不仅是培养人们的信息检索技能和计算机应用技术,更重要的是培养人们对现代信息环境的理解能力、应变能力以及运用信息的自觉性、预见性和独立性,从而提高人们的综合素质。

(三)高校信息素养教育的目标

信息素养是当代高校学生应具备的素质,是终身学习能力形成所必备的基本技能。高校信息素养教育的目标是把高校学生培养成为合格的信息素养人,让他们能够独立自主地学习;具有完成信息过程的能力;能够使用多种信息技术和系统;具有促进信息利用的主观价值;具有有关信息世界的全面知识;能够批判地处理信息并形成自己的信息观和信息风格。把信息素养水平作为评价学生的一个指标,适当地开展研究性学习活动,使学生将所学的情报理论应用到实践中,结合所学专业,获取信息。这样可以对他们所学专业信息有更全面、更深刻的了解,从而提高其专业知识水平,同时也可以考察他们的信息素养水平。

---

① 钟新春,赵世华.信息服务实践与应用[M].北京:北京邮电大学出版社,2017.

（四）高校图书馆信息素养教育对象

当今高校大学生的信息素养水平普遍不高,能力参差不齐,不同专业、不同年级的学生对于信息素养的需求与接受能力也不同。因此,需要分层次、分对象、立体式、有针对性地进行信息素养的培养,不可一概而论。

(1)低年级、新入学的大学本科生。他们的信息素养教育主要包括对图书馆的利用、对简单层面的数据库知识点的了解普及以及获取文献知识的方法等方面。针对该用户群,可以通过播放图书馆的新生入馆教育宣传片、发放图书馆使用手册和图书馆的楼层指引简介、讲授信息检索课程、定期举办图书馆专题讲座等方式,培养其对获知、利用信息的兴趣,逐步提高其信息素养。

(2)高年级的本科生、硕士生和博士生。他们已经具备一定的信息素养基础,其信息需求也随之进入更高层次的对科研题目的深入挖掘。对于这类用户群,信息素养教育需要侧重信息的精准获取和检索技巧以及信息评价与管理能力的提升。可以通过对文献信息检索技巧的使用及方法解析或传授科研课题的信息获取方式、文献管理软件的应用等技能,提高其信息素养。

(3)国外留学生。由于国外留学生群体的特殊性,其信息素养教育首先需要教师具有较高的外语水平,应优先考虑提高其信息意识,逐步培养其对信息能力的实践。对于课程设置,应结合工作实际,与专业课教师一起开展对留学生的信息素养教育。

(4)教师、科研人员用户群体。图书馆参考咨询人员则需有针对性地定制个性化的专题服务内容,为满足用户需求进行专项辅助指导,提高教师、科研人员信息素养能力。

（五）高校大学生进行信息素养教育的必要性

1.信息素养教育有利于提高学生的自学能力

自学能力是21世纪人才应具有的最基本的能力之一,纵观古今中外名家学者,其成才的第一要素即善于自学,自学是人生第一大学问。自学能力就是靠自己的意志、依靠自己的力量主动获取知识与信息的能力,它包括阅读能力、查阅文献资料的能力、熟练地使用各种检索工具的能力、向社会向别人学习的能力等等。因为信息教育的最初任务是指导学生如何在信息的海洋中检索信息,加工、处理和利用信息,教给学生学习方法,即信息、知识的获取、加工、利用等方法,教师将一把打开知识大门的钥匙交给学生。这种能力的训练实际是自学方法、自学能力的训练,也是对学生进行终身教育的最好形式。

2.信息素养教育有利于提高学生的适应能力与应变能力

现代社会充满发展变化和机遇,人们在工作岗位的转换与职业的转变上更加频繁,这更需要有知识有创新能力的人。作为一名新世纪人才,不但要有较高的文化素养及专业特长,还必须具有较强的适应能力、应变能力,而提高信息意识与信息能力是提高这些能力最好的办法。因为信息素养教育能根据社会的需要不断学习新知识,不断调整自己的知识结构,不断地自我更新,以此来适应信息社会发展的需要。

信息教育之所以有利于提高学生的适应能力,主要在于它的教学内容及教学方式的特殊性。信息教育不但传授给学生获取信息的方法,在教学过程中,教师往往要紧密联系当今科技发展的实际,指导学生如何捕捉所需的最新信息,引导学生认识社会与科技发展的特点与规律,帮助学生审时度势,即审世界形势发展之势,审科技发展及专业发展之势,这自然有利于开阔学生的知识视野,有利于提高学生的适应能力与应变能力。

3.信息素养教育有利于提高学生的探索力、发现力与创造力

人的探索力主要取决于对现有知识的吸收、借鉴能力以及在此基础上的求实与奋斗精神。对现有知识的吸收借鉴能力实际上就是信息获取与利用能力。信息意识强的人,求知欲也一定强,因而会不断地去探索去进取。人们在不断收集信息的过程中也必然会有所发现,特别是受过高等教育的人,都具有较坚实的专业理论知识,如果再具有获取知识与信息的能力,在接触到新领域、新思想、新问题时,就易透过现象抓住事物的本质并能找出突破口,开辟新领域。信息素养教育不但给学生传授探索未知世界的方法与技能,还给学生提供较多的实习条件去探索了解未知世界,让他们在实践中提高探索力与发现力。

4.信息素养教育有利于提高学生的分析能力与综合能力

人们在研究某一问题的时候,正是信息的收集、整理、加工的过程,实际也是信息的综合分析、研究与利用的过程。信息教育之所以有利于提高学生的分析研究能力与综合能力,主要与信息素养教育的性质、特点与要求密切相关。

(六)我国高校图书馆信息素养教育存在的不足

目前,国内大多数高校图书馆主要是通过开设文献检索课(必修课或选修课)、新生入馆教育、参考咨询、定期或不定期地举行信息检索与利用讲座等方式进行信息素养教育。这些教育方式对学生和教师的信息素养水平以及终身学习能力的提高有一定的帮助,但也存在一些不足:图书馆的教辅地位使得其开展信息素养教育的影响力有限,作为开展信息素养教育主要渠道的文献检索课,全校普及率不高,课程学时有限,学生和学校普遍不重视;教育面向大众,缺少对学生个性化需求的考虑,不利于激发学生的学习热情,此种教学方式很难解决技能操作课普遍存在的课上记住、课后遗忘的现象;图书馆教学人员整体教学素质有待提高,缺少与专业课教师及学生之间的沟通;各个图书馆间的教学资源建设缺乏统筹规划,交流合作机会少。

(七)新媒体环境下高校图书馆信息素养教育优化策略

随着信息社会的发展,传统文献检索课存在的问题逐渐暴露出来,包括高校对学生信息素养培养的重视程度不够、课程缺乏全面的统筹规划、教学内容单调陈旧、教学方法单一落后等。因此,高校图书馆必须努力探索新的信息素养教育模式,在教学体系、教学方法、教学手段等方面实行全方位的改革,不断优化整合,积极构建适应新形势下人才培养模式的信息素养教育课程体系。

1.分层次有针对性地开展信息素养教育

高校图书馆根据前面提到教育对象的不同,把大学生信息素养教育分为三个层次:通识信息素养的培养、专业信息素养的培养、实践与创新信息素养的培养。要把用户最需要和最感兴趣的知识作为介绍重点,做到取其所需,学其所愿,充分发挥学习者的积极性和创造性。信息素养教育的实用性很强,要引导用户将所学知识与技能运用到实际中,注重信息能力的训练,不断提高其自觉筛选、搜集、吸收、处理信息的能力。

2.翻转课堂、混合模式教学融合

随着翻转课堂、混合模式等教学形式的逐步兴起,信息素养教育也越来越多地应用这种模式。它改变了原有传统的课上讲授、课下复习的教学模式,借助于网络平台,在课前利用视频技术对新知识进行传递和介绍,在课堂上引导学生协作互动,实践练习主题内容,达到获取知识的目的。

3.开放性在线课程

MOOC是近年来快速兴起的一种基于互联网的新型在线教学模式,具有大规模性、开放性、在线性、互动性、模块化等特点。MOOC作为一种新的知识传播模式和学习方式,为高校图书馆信息素养教育模式的革新提供了新思路。目前,我国只有中国科学技术大学图书馆、武汉大学图书馆、清华大学图书馆等为数不多的高校图书馆在原有信息素养教育模式的基础上开设了信息素养MOOC课程。我国高校图书馆信息素养教育MOOC化仍处在初级阶段,有很大的提升与发展空间。想要提升信息素养MOOC化在高校的影响力,应该从以下四点着手:

首先,革新教学理念,采用混合式教学模式。鉴于高校图书馆传统的课堂教学模式与MOOC在线教学模式各有优势和劣势,高校图书馆信息素养教育应该采用传统课堂教学模式和MOOC在线教学模式相结合的混合式教学模式,使课堂教学与在线学习的优势互补,进而更为有效地提升信息素养教育的教学效果。

第二,加强宣传推广,提升社会MOOC意识。高校图书馆读者群中的大学生是信息素养MOOC课程的主要学习者,其读者群中的院系教师是信息素养MOOC课程的重要学习者与建设者。要将高校图书馆作为信息素养MOOC课程宣传的主阵地,可通过海报、宣传页(册)、微博、微信、讲座培训等多种途径,在高校师生和社会公众群体中大力宣传推广MOOC的相关知识,提升社会MOOC意识,使他们成为信息素养MOOC课程的学习者与建设者。

第三,多方筹措资金,推动MOOC课程建设持续开展。MOOC的宣传推广、MOOC教学人员的培养、MOOC制作设备的购买、MOOC的制作与维护等都需要一定的费用,要想高校图书馆信息素养MOOC课程建设持续开展,需要专项资金专门用于信息素养MOOC课程建设。

第四,注重协同合作,打造MOOC课程建设团队。高校图书馆是一个教学科研辅助部门,财力、人力、物力都比较有限,一般院校的高校图书馆更是难以单独制作出一门优质的信息素养MOOC课程,协同合作是高校图书馆信息素养教育MOOC化过程中的必然选择。

4.移动互联网下信息素养教育的"微化"

微内容在信息素养教育教学实践中的作用日渐突显,这里所说的微内容包括微视频、微动画、几张图片甚至一小段文字等。它以传递特定知识为目的,一般以一个知识点、技能点或情感点为教学目标,也可以与导入及评价等特定的教学活动相结合,通常经过精心设计,简短精确地传递信息。这种利用碎片化时间进行信息素养教育的模式完全弥补了传统教学中授课时间过长、重点缺乏、层次不清、学生不感兴趣的不足,同时也加强了师生之间的交流,提高了教师的专业水平和教学水平。

5.嵌入式信息素养教育

嵌入式信息素养教育是泛在知识环境下图书馆提供的一种泛在服务,是传统信息素养教育寻求变革的一种新途径。嵌入式信息素养教育是图书馆员作为教学助手嵌入到课堂或者嵌入到网络教学平台,将信息素养教育包括信息检索技能、信息意识和信息道德等融入专业课程教学体系。嵌入式信息素养教育分为两种方式:一种是相关方式,指信息素养教师对专业课或者专业课教师对信息素养教学的部分或局部介入;另一种是完全方式,即信息素养教师对专业课和学科的全面参与,包括教学目标计划的确定、研究性任务的设计、相关成绩的评定等自始至终的过程。嵌入式信息素养教育可以加强图书馆与专业教师、学生之间的交流与互动,提升教学质量,提高信息素养水平。

6.加强图书馆员队伍建设

高校图书馆员具有良好的信息素养,是促进学生信息素养教育发展的潜在动力,因此要重视对图书馆员的信息素质培养。要充分利用现代教育技术手段,对图书馆员队伍进行专业化培训,使其优先适应时代潮流,与时俱进,提高专业能力和服务意识。高校应提高对图书馆员队伍建设的重视程度,要有计划、分批次地对图书馆员信息素质进行在职提升,将创建高素质的图书馆员队伍作为提升信息素养教育的技术支撑。

7.建立教学评估体系

对教学效果进行评估是对教学模式成效的重要反馈。高校图书馆开展信息素养教育的目的是使学生提高自身主动获取有效信息,并加以评价和利用的能力,这是一种应用型能力教育。因此应探索建立教考分离的教学评估体系,重视通过实践检验教学成果,加强对图书馆信息素养教育评估"软件"建设,逐步提高教育教学评估的科学性与有效性。

第二章 高校图书馆智慧化建设与管理

高校图书馆是学校教学科研的重要辅助部门,也是学生学习的第二课堂。在网络大数据环境下,图书馆应发挥资源优势,协同校园数字智慧化建设,构建智慧图书馆服务平台,为智慧校园的教学、科研、学习和管理提供形式多样、灵活高效、便捷智能的智慧信息服务。本章研究的是高校图书馆智慧化建设与管理,主要围绕高校智慧图书馆的内涵阐释、高校图书馆智库建设与管理等内容进行论述。

第一节 高校智慧图书馆的内涵阐释

一、高校智慧图书馆的内涵及特征

(一)高校智慧图书馆的内涵

当前,图书馆界对智慧图书馆的概念并没有一个统一的定义。如今较为典型的学说有智能说、模式说、要素说、人文说与感知说。其中,认为作为一个整体,囊括馆员、用户、服务、技术与资源等内容的图书馆为智慧图书馆的观点由李显志等提出;智能化设备+云计算+图书馆员+信息资源+智能建筑=智慧图书馆,此观点由李凯旋等提出;由馆员、用户、服务、技术和资源五大基本要素组成智慧图书馆的观点由陈进等提出;为了实现智慧图书馆的智慧化服务,基于感知计算部分,图书馆结合相应的智慧模式,经过多种信息技术实现用户与其两者间互通方式转变,即智能设备+云计算+物联网+图书馆=智慧图书馆,此观点由严栋等提出;在《图书馆建设》一书中谈到,重视科学合理的发展,便捷且互联的智慧图书馆,其借助信息技术手段展现自身的数字惠民的本质,这一观点由界内专家前辈王世伟先生提出。智慧图书馆无论是其自身的内在数字还是外界建筑均呈现出相应的智慧化服务,根据部分信息资源可知,其能够给予类似于推荐等智慧性的服务,通过科学技术使用户直接接触资源,从而实现智慧化服务。智慧图书馆能够提供智慧性、个性化、高效以及形式丰富的服务,体现出以人为本的宗旨。智慧图书馆与数字图书馆之间相辅相成,前者是后者的未来趋势,后者是前者的根本。

(二)高校智慧图书馆的特征

智慧图书馆是新型图书馆,其建立在物联网、互联网、数字图书馆基础之上,智慧图书馆的精髓所在便是实现了由知识服务向智慧服务的提升转变,如图 2-1 所示。其中,智慧图书馆的特点以及高校图书馆的智慧性从虚拟服务到建筑实体均有所呈现,具体包括五种特殊要素。

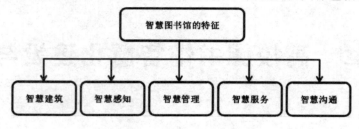

图 2-1　智慧图书馆的特征

(1)智慧建筑。大致包含图书馆的服务设施以及外界建筑等内容。为了完成智慧化管理功能,即设施的监控、管理与分析等,也就是能够很快地监测并管理设备实时状态,其可在检测、安防、照明、监控等设施中安装传感器装置,建立基于物联网技术的图书馆建筑智能系统,实现智慧化管理和控制,以此实现建筑主体之间的连通。

(2)智慧感知。为了完成相应的智慧化功能,即深层感知、传送、抓取与捕捉等,基于物联网根据图书馆内部的数据,例如实体资源、信息等内容,采取类似于红外感应器等感知设备以及射频、智能机、计算机等识别装置,完成不受物质、区域以及时段限制的互通,这是通过网络技术达到的感知终端设备连通。

(3)智慧管理。完成更合理的工作环节与工作任务规定,从本质上达到智慧化管理,以及约束图书馆职员的工作行为,能够将正确及时的管理指令传达给馆员。图书馆除了可以展开搜集,加工与整合虚拟信息和互联实物之外,其还能对日常维护、馆员、读者用户、图书信息、硬件设备等对象进行整体管理。

(4)智慧服务。由服务内容和服务方式两部分构成了图书馆服务智慧化。为了让图书馆的服务效果、服务手段、服务内容与服务方式等得到优化,以及让用户体验个性化、立体、准确、全方位与全面的服务,将重心放在读者用户身上。除了结合相应的先进信息技术,结合实际情况给予用户智慧化服务,使用户自身的需求得到满足之外,还包含互通独立事务系统,建立智慧服务系统,具有决策机能、管理事物、处理事务等功能,使得图书馆的现实行为与虚拟行为相辅相成。

(5)智慧沟通。为了达到资源共享与信息互通的目的,智慧化图书馆进行了沟通服务,并且为完成不受时间、地点限制的智慧化互动沟通,可以利用多种信息技术、感应与通信设备,形成基于物联网的智慧通信沟通系统。

二、高校智慧图书馆的发展历程与功能定位

(一)高校智慧图书馆的发展历程

古代的图书馆与当前的图书馆具有一定的差异,中国当前知晓且保存下来的古代私人图书馆即明代范钦的藏书楼"天一阁",其是典型的私人图书馆,重点突出"藏"。从宏观角度来说,中国在周朝就开始出现图书馆了,而国外西方起源于 4000 年前,可以说,图书馆在历史的长河中已经留下了不可磨灭的痕迹。然而只有从近代开始,图书馆才展现了具有现代特色的

知识传播与服务的作用,智慧图书馆与自动化图书馆的产生离不开互联网与数字技术的发展。

数字图书馆具有极强的资源表现力,其资源信息表现形式丰富,有影音资料与纸质书籍等,同时还具有数据库、光盘等存储介质以及多种存储形式,如存储技术、扫描技术、多媒体技术等。大部分图书馆开展纸质书籍资源的数字化建设以及服务管理,而自动化传统图书馆提供的是一种被动式的服务,用户进行借阅是其主要服务形式。同时,书籍拥有各自的编号,以卡片检索作为检索方式,发挥着收藏书籍的作用。另外,由于移动互联网的优化升级,图书馆可以不限于地区、时段等因素拓宽其自身的服务范围,用户能够利用互联网访问数据库并获得移动资源。

与数字图书馆相比,智慧图书馆的功能更加全面,除了数字图书馆包括的功能,其自身还可以展开智能化与自动化服务,同时其宗旨是以人为核心,重点突出图书馆的智慧化服务、决策与管理,利用互联网、人工智能、云计算与物联网完成个性化精准服务以及形成虚实结合的情景,使得用户的体验感更加完美。

1.传统图书馆阶段

传统图书馆是将书籍等纸质资料保存在指定的建筑中,这种存储方式的特点是将各种纸质文献以物质的形式进行保存。使用者获得纸质资料的方式主要有两种:一是在图书馆内借阅;二是将书带离图书馆进行阅读。

在这一阶段,用户主动借阅,传统图书馆被动提供服务,这种服务模式的弊端是用户受图书馆开放时间和地点的局限,而且受到很多情景和内外部环境的干预。这种服务模式揭示了传统图书馆的开设是把纸质的文献资料作为重点,但是却忽略了使用者的个人需求。并且图书管理人员把纸质文献放到书架上,不但特定的储存空间有限,而且曾经恶劣的储存环境会导致纸质资料损坏变质。

传统图书馆中的管理人员在一定程度上来讲也不是现在所谓的全能复合型人才,主要负责的工作是文献资料的归纳整理。传统图书馆模式虽然契合那时需求者们的阅读状况,但面临着借阅归还效率低的问题。

2.数字图书馆阶段

自数字图书馆出现以来,借助 RFID 等智能技术的支持,完成了自助借阅、归还、查找、整理、定位图书资料等各项管理工作,此时的图书馆在个体管理和提供服务的效率上都得到了显著提高。

数字图书馆阶段,资料的表现方式逐渐具有多样性,数字图书馆利用相对流行的数据存储技术、多媒体技术和互联网技术,完成了纸质资料的数字化改造,让用户享受良好的视听体验。另一方面,数字科技的使用让资料的储存形式改变,这种情况使数字图书馆的存储资源数量激增。

数字图书馆阶段使用者可以在不受地点限制的条件下获得图书馆资源,利用移动客户终端实现移动借阅。因此,这个阶段的使用者接受的服务方式实现了从被动接受到主动阅读的变化,然而此阶段图书馆仍然把资源的建设作为重点,过于重视资源的数量,忽略了使用者的场景感知和使用感受。

3.智慧图书馆阶段

智慧图书馆的产生一方面响应了现阶段"智慧"发展理念的潮流,另一方面也是为了满足使用者与日俱增的阅读需要,其利用虚拟现实科技、互联网科技、物联网科技等构建的多维空间完成了数据资料的虚拟化和信息化。智慧图书馆可以利用中心科技给使用者带来逾越时间和空间的视觉甚至触觉感官上的享受,将"以人为本"作为其服务受众的理念,在模拟现实的虚拟空间之中使用者实现了进入图书馆自由。

(二)高校智慧图书馆的功能定位

在以往的借书方式中,没有特别便利快捷的方法可以使得用户拥有不同的途径来获取资料信息,他们需要亲自去图书馆看书或者通过一些手续来获取借阅的权限。大部分高校只有在其 IP 地址范围内才可以进入已经拥有的文献数据库使用,而在其 IP 地址范围之外的地区,是无法享受到图书馆的这些服务的。

若是图书馆没有这些资源,那么用户只能依靠自己来处理问题;若是想要借阅的资料在图书馆中存在,那么就又有很多诸如图书馆的空间大小、开放时期以及图书馆的藏书量等因素的制约,主动权都在图书馆的手中。而高校智慧图书馆则可以打破这些桎梏,不需要考虑时间和空间的制约,用户可以以多种方式来得到图书馆中的资料。他们可以利用手中的手机以及电脑等智能联网设备进入图书馆的资源库,这相当于图书馆全天候都可以为用户提供实时的服务。用户需求具有较强的个性色彩和特定目标,其满足程度同用户自身的价值观念有着比较密切的关系,并且这种观念在用户需求中处于支配用户需求行为的地位。用户在获取信息时,总是有一种以最小的努力去获取最大收益的心理趋向,这种趋向使用户在信息需求中表现为舍远求近、弃繁求易的心理状态。把高校图书馆建设得更好是为了满足用户的这种心理状态,让用户实现不用在意时间和空间就可以获得优质的、智慧的信息资源服务,让用户在使用图书馆时可以随时随地享受到图书馆的服务。

高校智慧图书馆可以把隐藏在数据里的信息提炼出来,剖析用户们到底需要什么,可以更好、更人性化、更便利地满足用户更加多样的需求。目前高校智慧图书馆的发展刚刚起步,正处于萌芽状态。这种基本上依靠大数据进行深度提炼分析的技术,本质上是一种更进一步地提供资讯的功能,或者可以说是利用互联网技术给用户们带来更多信息的一种模式。

高校智慧图书馆有一些不可或缺的功能,例如推荐系统,该功能已经在业界得到了实际应用并且效果不错。其是依靠智慧推荐命令按照不同的需求来使用户获取信息更加主动,它会按照用户们平时的偏好喜好和实际借阅翻看的资料来创建模型,为用户们专门打造智能化的推荐方法,满足用户对资源获取的需求,以更好地分析出用户可能存在的需求,从而令用户更快地找到他们要找的信息,为其创建出一个更加智能、更加人性化的图书馆。

第二节　高校图书馆智库建设与管理

一、高校图书馆智库建设概述

(一)智库的起源及发展

1.智库的起源

从我国发展几千年的历史可以看出,智库的文化发展和民族的历史一样悠久,智囊则是智库的前身。在古代,可以提供政策辅助的人被称为"幕僚"或"智士",与之相似的一些历史上比较著名的从事政治的人物,他们在后世发展中被称之为智囊。从智库发展的时代背景进行深入探究,社会中的智者群体和当时国家的统治者之间是一种契合状态,这就是智库文化能够得到继承和发展的基础。每个时代都有一些这样的人存在,春秋战国时期名盛一时的管仲,以及后来受人之托辅佐帝王的诸葛亮等人,他们都运用自身所学为君王在稳定社会的发展上贡献出自己的力量,积极提出治国贤策,帮助其更好地治理国家。由于这些人本身就有足够丰富的知识储备,所以能够为国家治理发挥作用,在历史发展中成为历代人民称赞的英雄人物,统治阶层也对他们的重要性具有深刻的认识。

但是,仅从智囊的各种性质上来看,还不能称作是现代意义上的智库。就算是在我们悠久的历史发展过程中,曾经出现了传统意义上的智库雏形,可是在后期的发展演变中,其形态不断发生改变,这一点在魏晋时期有所发展的幕僚制上得到了充分体现。在这一大的发展过程中曾经出现过的类似于智库的其他形式都没有自己独立的意识,均不能称作是"智库"的化身。它们并不具备独立发展的性质,只是为统治者提供服务的人,不具有稳定性,这也说明了当时的各种形式跟现代相比都有一定的区别,但是在推动社会持续向前发展方面还是起到了一定作用。在西方的诸多发展较好的国家中也存在这种智囊团,苏格拉底就以提问的方式教授别人知识,是"以智启民"的典范,西方智库雏形阶段的代表人物也是这样一群人。

2.智库现阶段的发展

现阶段社会大众对于将"智库"翻译为"Think Tank"有不同的看法,学界主流的观点是:在二战期间促使智库形态萌发的仅仅是美军的一个进行相关战争研讨的秘密会议室。学者们在世界范围内对于智库还没有一个完整统一的认识。詹姆斯·麦克甘指出:兰德公司是世界范围内首个现代意义上的智库,其命名来自研究与发展"Research and Development"的英文缩写。目前世界上实力相对比较强的排名靠前的智库里,仍然有兰德公司的一席之地。

即便是在我国智库领域内,各学者进行的研究也和世界学者的观点有不同之处,例如王辉耀认为布鲁金斯学会是美国第一个现代意义上的智库。各学者对智库起源的看法不一而论,主要原因是其出发点不同。在当时工业革命的催化下,社会上各类行业的细化分工更加趋向精密化,使得公共决策领域向更加科学以及民主的方向发展。后来发生的两次世界大战的战争冲击,为智库在国家服务方面创造了更多的条件。随着后期的发展,智库逐渐被人民大众所熟知和接受。

在西方近现代社会发展中,智库是被现实需求所推动产生的结果。智库对西方强盛的发达国家的崛起和昌盛起到积极的作用,与此同时,各强国在智库的健全与完善方面投入了大量的财力、物力。我们在借鉴的同时更应该学习这样一种良性循环。

(二)高校图书馆智库

1.高校智库

在进行国家方面的相关治理时不能仅仅依靠单一领域的知识,需要的是智库中的多领域、多层次的知识优势。由于我国各大高校本身就具有不同于其他机构的优势,所以高校智库可以在进行相关决策咨询时起到一些不可替代的重要作用,并被国内外的广大知名专家学者关注。

"高校智库"是在大学范围内比较重要的一个机构,基本上是由各大高校统一管理,而在其中进行研究的人员大多是高校内部的专业人才,也包含部分外来人员,该机构想要持续运作所需要的大量研究资金也是由各大高校统一批复,同时该机构在相关研究内容方面具有涉猎广泛的特性。我国各大高校进行的广泛相关的智库建设,对于培养建设学校内部的人才队伍发挥着很重要的作用,提高了各大高校在社会竞争中的优势;与此同时高校又是多重人才的广泛聚集地,其中具备的丰富学科类型和社会上发展较好的多种行业产业能够进行高度融合,拥有与社会上或者政府机构在科技等方面进行合作研究的大量相关经验。

2.高校图书馆智库

通常意义上,高校图书馆智库是高校智库的子结构,在知识收集、分类、储存、利用等方面处于不可或缺的地位。从高校图书馆智库建设流程上看,其就是一个知识的收集站、整理站、提供站,专业人员会对高校图书馆的知识资源进行分类管理,相关学者利用高校图书馆智库提供的信息资源进行专业研究,将专业研究成果在图书馆智库永久地保存下去,成为今后提供咨询服务更加高端的一种积累而成的知识财富。

而收集、分类、储存相关知识信息是世界各国中图书馆领域的优势。高校图书馆覆盖学科领域十分广泛。这些年来,图书馆也在随着时间的推移一直向前发展,它运用现代信息技术,实现了各大图书馆之间的馆际互借,这对于图书馆的藏书领域是一种有效补给,还能够在这个领域中对于更多的社会信息资源进行收集。

社会各界对于智库的建设都持一种支持的态度,所以智库发展的相应理念也被社会上各行各业密切关注。在这一阶段中,众多高校图书馆也已经积极地加入到智库的建设之中,这也是实现高校图书馆在发展过程中转型升级的有效渠道之一。

二、高校图书馆智库建设的必要性与可行性分析

（一）高校图书馆智库建设的必要性

1.图书馆社会化服务的内在要求

随着人们自身信息意识的增强和适应终身学习的需求导向,各大高校进行直接管理的图书馆在人民大众的心中越来越受欢迎。除此之外,众多与科研有关的单位、机构对于高校资源的需求也越来越多,所以说实现资源共享是一个不可缺少的板块。高校的社会化服务职能是其重要的发展趋势,而图书馆已成为实现高校社会化服务功能的重要载体。

与此同时,在我国发展的当前阶段,现代化的智库建设已经发展到有史以来的高峰期。它能够满足我国当下的社会需求,也是我国可持续发展必须坚持走的一条道路。

2.特色新型智库建设的理想选择

美国学者谢拉说:"服务是图书馆的基本宗旨。"[①]高校图书馆亟待通过转型向前发展,这也是应对社会信息化发展的一大措施。

在当前形势下所拥有的大数据环境中,图书馆对于数据资源的重视程度比较高。这些社会现状也会使得智库与高校图书馆进行有机结合,通过分析各种发展中得到的数据,预测它的未来,并为其提供相关的决策参考。而在这一过程中,我国的智库与高校图书馆之间进行融合,是一种天然形式上的优势。而在智库模式的构建中,对于数据进行深度挖掘也是一项核心要求,并在建设中扮演着不可替代的角色。在这一过程中,人员和资金缺一不可,且资金始终作为最重要的基础而存在。

3.新时期高校图书馆的发展方向

图书馆在发展过程中一直以来都是遵循"用户第一,服务至上"的理念,所以图书馆需要为之努力的方向就是进行服务创新。读者获取各种信息的方式越来越与时俱进,目前最应该解决的就是图书馆怎样才能跟上脚步,适应时代与读者。高校图书馆作为一个资源的集聚地,更应该对发展机遇进行及时把握,更大地提升自身进行市场竞争的核心能力。

图书馆作为高校中的一个重要部门,在进行智库建设的相关环节上有着其他部门不可比拟的资源优势。因此,其应该在构建新型智库方面加大力度,把相关的信息服务系统建设得更加完善。同时,它们也在制定社会各级决策方面起着重要作用,具有提供信息咨询的服务能力,是一个全面的知识系统。各大高校管理的图书馆可以对现代的高新科技进行实际运用,以此为政府提供决策相关的参考服务。

① 程结晶,刘雪峰.西南地区图书馆服务体系理论研究[M].北京:海洋出版社,2014.

(二)高校图书馆智库建设的可行性

1.知识资源丰富

在推动高校主打的相关专业发展方面,图书馆发挥着极为重要的作用,在知识储备的专业度上,智库完全没有能力和它相比。高校图书馆在各个方面都比较专业,同时还可以连贯起来,对于高校智库的服务能力发展有一定的促进作用。

在高校图书馆发展中,将传统馆藏文献资源转换为数字网络资源,并借助自身馆藏优势研发专题数据库,以此构建出理想化的智库建设平台,降低其他智库建设中信息平台的建设投入,节省成本,从而方便直接进行智库研究工作。在世界领域,图书馆是很多著名智库发展的根源,例如斯坦福大学成立的胡佛研究所,设立之初是为战争服务的资料图书馆,到现在图书馆规模发展到 9 个,藏书 160 万册;德国维滕贝格高教研究中心,藏书近 5.5 万册;卡塞尔大学国际高校研究所,藏书量达到 2.5 万册;捷克科学院东方研究所建立了 5 个不同类型的图书馆,藏书量近 20 万册。

由此可见,各大高校管理的图书馆在进行建设资源方面都有一定的长期积累,综合型的知识资源使得高校图书馆在发展过程中具备了为决策咨询提供更好、更优的信息服务能力。

2.情报分析能力较强

在图书馆工作中,传统工作理念认为图书馆学属于一种学科领域,事实上,高校图书馆是图书馆、情报与档案等学科信息进行交叉管理的场所,其中图书馆学属于社会科学,而情报学则以科技为主,档案学以人文为主,图书馆工作则是三方面的融合。近几年计算机相关技术不断发展,情报学知识及分析能力在高校图书馆中显得尤为重要,甚至是未来图书馆工作所必须具备的能力。在情报学领域,分析是重中之重,充分体现了情报的智囊团作用。而情报研究则涵盖了情报提炼以及对信息的加工处理,在综合分析与评价原生信息内容前提下,为管理与决策提供可靠的情报保障。由此可以发现,在智库研究工作中,情报分析是重要的构成形式。利用情报分析的优势技能,对于每个研究对象的发展前景进行准确的研究和预测,掌握其规律,为国家公共决策领域制定相关政策奠定了良好的基础。

图书情报机构长期承担着信息的存储、采集、加工等任务,拥有的知识服务产品比较多,比如专题机构数据库、报告与知识库等。所以,在智库建设中,通过高校图书馆的情报分析部门长期收集信息,为相关信息库、资源库等产生了极其重要的保障作用。因此,高校图书馆智库建设中,情报部门发挥着非常重要的作用。总的来说,高校图书馆构建新型智库过程中,该部门具备明显优势,能够全面参与智库研究。

3.组织形式多样

智库把自身正在进行的相关项目研究作为研究的基础性工作,并以周期性向前发展,这种状态是通过高校丰富的优秀人才资源,具有多元化综合能力的人才队伍的支持形成的,使得组织成员的构成更加灵活、机动。高校图书馆在智库建设中,邀请专业研究人员参与其中,除了图书馆相关部门有固定馆员外,还可以根据项目发展现状实时调整人员组成,聘请外来人员也是可以选择的方案。所以,在人才资源的合理使用方面,它比其他的智库形式具有更高效率,这也在一定程度上对于人力方面的成本投入进行了缩减,为项目管理创造了良好的研究条件。和官方的智库相比,高校图书馆智库研究有很强的独立性,并且由所属高校进行管理的图书馆智库还具有一些相对优势,它们的一般经费由高校支持,所以其来源是比较充足的,这样就能在智库建设中进行相应的创造行动,因而研究成果的科学性与独立性比较突出。

4.专业化程度较高

高校图书馆有自己独立的情报部门,情报研究对智库咨询有着非常重要的作用,能够在智库研究或信息数据库中提高情报研究产品使用效率。高校在图书馆管理中,当情报部门在进行相关研究工作时,可以明显看出其具有持续发展性和对未来发展的前瞻性。学者们在进行某一问题的持续研究时,通过高校图书馆可以获得丰富的专业资源。高校图书馆学科馆员及相关馆内工作人员会为学者开展研究提供专业的咨询服务,并且信息服务贯穿于整个研究过程。在课题结项或者取得阶段性成果后,高校图书馆馆员还会一直关注此领域的问题研究,并且能够在决策者进行咨询的时候提供及时的相关服务,重视研究的时效性、针对性、准确性。因而在高校图书馆智库建设中,研究的深度、广度与长期性方面的优势更加明显。

此外,想要智库在当今社会中有所发展,就必须紧跟时代,构建起一个足够专业、足够广博的知识框架,只有这样才能在各级单位进行决策时发挥自身的辅助作用。众多高校图书馆已经发展了很多年,所以在创新等相关能力方面往往比其他机构的优势更明显。

三、高校图书馆智库建设的内容与特点

(一)高校图书馆智库建设的内容

作为高校图书馆的重要组成机构,图书馆智库通过人、财、物的有机结合,在社会参与中发挥作用,同时为国家发展提供所需要的相关服务。它的构成因素主要分为五个部分:第一,人员要素;第二,目标要素;第三,条件要素;第四,技术要素;第五,客户要素。因此,高校图书馆智库建设的内涵就是要依靠高校的优势领域和人才资源,面向社会上的各个领域全面开放,把所掌握的理论知识与社会中的具体实践进行有机结合,充分发挥图书馆自身特点,实现图书馆服务转型,向综合性研究方向发展,促进智力成果在社会经济等领域的成功转化,使得国家地区、行业企业、科研机构、高校在进行决策时更专业、更科学。

(二)高校图书馆智库建设的特点

(1)各大高校图书馆都是以社会知识传播者的形象存在,它们在各自不同的领域内聚集着众多专业人才,所以在人才资源方面实力雄厚。从一些相关报告中可以看出:我国高校中汇聚了大部分社会中能力较强的科学主力与一些高校人才群体。随着高校内开设的各学科领域的专业人才数量日渐增长,高校图书馆在相关领域也不断增强其自身所具备的优势。而人才优势在高校图书馆智库的发展中是一种强有力的支撑。

(2)一般情况下高校图书馆的信息资源都是极其丰富的,它们大多以高校图书馆实际采集的数据和社会中比较官方的数据为主。在互联网发展迅速的大数据时期,研究人员从多角度

对其价值与意义进行相关的分析研究,判断寻找某些问题产生的根源,并把解决问题的经验作为参考。各高校图书馆将研究成果聚集在一起,并以校内数据库的形式进行保存,从而统一管理且合理存储于各高校图书馆中,在增强研究成果数据安全性的同时,有效地保护研究人员的知识产权,还能广泛应用于智库服务。

(3)学科领域有很强的交叉性。各高校都有自己相对完整的学科设置,在这些设置的学科之间存在着一种很强的互通性,而高校图书馆既可以充分利用高校的学科资源,又可以发挥自身在图情领域的学科优势。因此,在解决问题的过程中,能够运用不同的学科将数据挖掘、数据分析与相关学科相融合,从跨学科角度找到有效解决问题的方案。高校图书馆在培养各类人才特别是智库相关专业人才时,要注重提升自身学术研究能力,合理扩大研究领域,从而综合运用多学科专业知识解决复杂问题。

(4)发展过程具有很强的独立性。图书馆作为一种公共文化服务机构,需要满足读者的公共文化服务需求,所有读者均拥有信息权利,可获得图书馆提供的信息资源,这就决定图书馆具有客观独立性。高校图书馆继承和延续了公共图书馆的独立属性,与近些年兴起的民间智库相比,高校图书馆智库具有相对客观性。社会经济的快速发展,需要高校图书馆智库提供相对独立和客观的决策咨询建议。

四、高校图书馆智库建设的职能定位

(一)定位理论概述

1.定位理论相关内容

在20世纪70年代,美国出现了一个比较著名的营销专家,他提出了定位理论学,指出对自身产品的市场定位属于一种创新性试验。深入剖析和详细研究市场的定位理论,需要以一定的市场营销理论为基础。在菲利普·科特勒看来,市场主体在进行市场定位的时候,必须把各类潜在客户的喜好作为工作开展的前提,进行别具一格、富有深远意义与价值的产品设计,就是市场定位的本质。在目标客户心中明确产品定位,其本质在于掌握目标客户满意度。无论是产品的质量、定价,还是创新,归根结底是为了满足客户需求。对于图书馆而言也需要明确其服务定位,围绕服务对象的需求明确工作目标。

2.定位理论的应用

著名学者艾·里斯与杰克·特劳特有一个比较经典的观点:对产品要有定位,但不是说要在它的外形上进行改变,而是要重点关注其在客户心里拥有怎样的位置,便于客户能够第一时间想到产品,把这视为当前产品存在的创造性改变,这样一来就可以对现有产品进行外在形象上的改变,例如更换外包装等。我们给予定位的产品,不仅仅是指可以用肉眼看见的产品,也可以是一种看不见的、具有虚拟性质的产品。在虚拟产品身上的变化并没有实际出现,主要改变的是客户对它的感受,旨在提高目标客户对产品的认可度。

现今,各类高校图书馆在所属领域一直是处于不断发展的状态,为了能够有更好的发展,就必然要求其具备与发展相适应的能力。随着社会的不断发展,各种新型技术的不断出现,以及由互联网广泛发展造成的信息化在社会中泛滥的问题,使得各大高校图书馆对于各类人才用户的吸引力正在不断被削弱,因此,高校图书馆在发展过程中亟须进行转型。就当前的发展形势来看,我国新型智库在社会上的建设与推广,给当前高校图书馆的发展提出了更加明确的目标,同时也带来了发展机遇。这样一来,对于高校图书馆转变自身原有的发展理念提出了更高的要求,高校图书馆需要深入研究从而确立发展目标,承担应当具备的智库基本职能。通过对高校图书馆自身所具备的优势进行延伸发展,使得其自身的特点、优势更加鲜明和独特,从而增强高校图书馆服务的能力,提升高校图书馆的影响力。

在高校图书馆智库建设过程中,定位理论被广泛应用。高校图书馆智库为国家以及地区的政策制定提供科学建议;为工业、商业、农业等相关领域的企业带来丰富的信息资源和精准的市场分析;为科研项目、课题研究、科学研究提供包括科技查新、文献收集、理论分析等智力支持;为所属高校发展提供政策咨询、协助人才培养、搭建起校内各学科交流的平台。

(二)高校图书馆智库职能定位的内涵

1.高校图书馆智库职能定位是科学建设的前提

为了科学地建设高校图书馆智库,需要提前对服务对象进行细致分析,依据科研机构、行业企业等不同的角色定位,提供有针对性的智库服务。定位理论为高校图书馆智库建设工作给出了许多有意义的参考,要打破传统思维,不断改善服务条件,明确服务定位,提高服务水平,听取用户反馈。除此之外,高校图书馆在尝试建立一些相关的可以用于服务对象信息反馈渠道的基础上,通过自身的服务延伸,广泛收集不同类型用户反馈的建议,这也体现了在高校图书馆智库快速发展时期对职能定位的重视。同时,高校图书馆职能定位对其运用技术手段为用户提供智库服务提出了更高的要求,体现新时期高校图书馆应当尽到的服务职责,促进高校图书馆的服务转型。

2.高校图书馆智库建设是职能定位的有效实施

高校图书馆智库职能定位是科学建设的前提,为其发展奠定了基础。与此同时,高校图书馆智库建设是职能定位的有效实施和具体应用,高校图书馆智库建设需要打造一支专业化的队伍,这支队伍能够为国家地区提供政策建议、为行业企业提供情报分析、为科研机构提供智力支撑、为高校提供咨询与资源服务,从而更好地服务于社会经济发展。高校图书馆智库的建设目标是为不同层面提供相应的智库服务,建立高校图书馆智库服务体系,完善高校图书馆智库管理模式。高校图书馆的智库服务延伸对智库职能定位的有效实施提出了新的要求,也对今后高校图书馆智库的发展起到了行动指南作用。

(三)高校图书馆在智库建设中的功能定位

详细考量智库的功能与高校图书馆的功能定位,不难发现两者之间具有一定的联系,同时也有一定的区别,而这两者的区别又恰好可以相互补充,弥补其职能缺陷。相同的是,智库与高校图书馆都是为科研以及决策提供智力支持的服务部门;不同的是高校图书馆通过知识服务,为服务对象提供尽可能多的信息,帮助服务对象"出谋",而智库主要通过不同学科对决策内容进行分析,为服务对象"划策"。通过对比两者之间的区别与联系,能够明确高校图书馆在智库建设中的功能定位,为高校图书馆与智库的关联、融合与嵌入提供了可能,这种关联、融合与嵌入是高校图书馆智库建设过程中的关键要素。

1.高校图书馆与智库的关联

首先,从两者的本质上来讲,高校管理的图书馆面对的一般都是学术成果,而对于这些大量学术成果的处理、加工等方面的工作也很擅长,从而源源不断地产生智库需要的学术知识信息;其次,对于决策者而言,高校图书馆挖掘、整理的情报、知识、信息等为决策的制定提供理论保障,智库则通过发挥"知识众筹"效应为决策者提供决策研究和咨询,两者之间紧密相连。另外,两者的服务理念相同,均以客户需求为目标,以服务为价值导向。

图书馆已经涉及诸如科技查新等智库工作范畴,因此高校图书馆绝不应该仅仅停留在相互补充的阶段,在发展过程中,两者之间的深度合作成为可能。单单从我国智库建设领域的工作以及高校管理的图书馆自身想要有所发展来说的话,所涉及的领域是多种多样的,并进行相互的交叉融合,这是在二者完成自身所拥有的功能和使命方面必须具备的基本要求。

2.高校图书馆与智库的融合

"理论与实践双轨并行"是国家对智库建设的要求,也因此可以有效解决高校图书馆信息服务偏重理论方面的研究,而在实践验证等问题上缺乏经验的问题。这在一定意义上为高校图书馆的相关服务提供了引领发展的作用。高校图书馆拥有丰富的文献资源、专业的图书情报人才以及所属高校多元化的学科背景,在智库服务前端发挥作用,为决策提供最新知识及信息保障。两者之间的融合在各方面都有体现:第一,智库在建设过程中突出、明显的情报属性,使得大众对于图书馆转型发展的观念愈加强烈;第二,智库生产的产品同时又是高校图书馆的知识库,继续储备相关内容;第三,智库想要有所发展就要涉及战略性的相关功能,而高校图书馆的介入可以推动智库资政启民服务的有效发挥。智库最应该实现的核心能力就是它的影响力,而其想要提高影响力,就必须将智库成果转化成的产品与它提供的相关服务质量进行大幅度的提升,只有这样才能更好地将高校图书馆与智库相融合,成为下一步高校图书馆智库建设的基础。

3.高校图书馆对智库的嵌入

在互联网技术正在飞速发展的时期,我国传统意义上的智库应该跟上时代的步伐,不断适应新时代下涌现出的对于知识的新需求。而高校图书馆中传统意义的分析方法已无法满足未来智库所需要的相关需求,所以图书馆也需进一步在智库的研究工作中发挥自身优势,在时代发展中实现图书馆与智库建设的有效结合。

首先,在智库建设阶段,高校图书馆可以为其提供相关的情报源,构建一条与外界社会进行联系的途径,以智库建设中的保障者存在;其次,在智库研究方面,高校图书馆将其成熟的情报研究工具、方法、技术以及服务嵌入到智库的研究中去;再者,高校图书馆数据库资源以及数据库管理人员对智库工作的嵌入,也是最基础的"图书馆+智库"联合服务模式。实际上,关联、融合与嵌入都是为了更好地建设高校图书馆智库,将高校图书馆与智库形成统一的整体,促进高校图书馆的服务转型,提升其服务质量。

(四)基于定位理论的高校图书馆智库职能定位

基于高校图书馆在智库建设中的功能定位,可以有效证明"智库＋高校图书馆"的发展模式的优越性,同理,智库也可以有效嵌入高校管理下的图书馆中,同时借此来实现图书馆提供相关服务的优化,这也就是本文论述的高校管理下的图书馆智库。高校图书馆智库的独特机构设置使其在建言献策方面具有一定的专长,下面从政治、经济、科研以及服务等方面对高校图书馆智库的职能进行定位。

1.国家地区层面的政策建议

众所周知,科技政策以科技视野发展方向与战略为主,与一定时期内本国科技重要发展政策联系紧密,通过制定科技政策,政府有效调节科技领域及其与社会、经济发展间的矛盾。南北战争结束之际,美国有的高校已经建成了完善的科研系统,在科技政策制定过程中,联邦政府立法、行政、高等学院、智库、科学家与企业家等是重要的研究机构与人员构成部分,其中兰德公司直接影响到美国科技政策的制定。对于科技政策的发展制定,我国国家科技部、中科院与各省市科委是重要制定机关。此外,在全国重点实验室总量中,高校占比为 2/3,且高校人员编写的 SCI 与 EI 科技论文为 70%,大学教授是科技发展的重要来源。由此可以发现在科研工作中,高校发挥的作用是十分巨大的,但在科技政策制定方面却没有相应的话语权,科技政策缺乏完善的制定体系,对科技政策发展的科学化造成了很大的束缚。

在此背景下,高校图书馆智库要积极发挥人才与多元化学科优势,借助情报部门数据发掘网络分析优势,委托计量经济与管理科学等领域专家,对科技政策进行定量、可视化、成本收益与效益等方面的分析,进行定量与定性化相结合的研究,融合经济、管理、统计、社会、政治与心理等学科领域。

2.行业企业层面的情报分析

行业信息对行业内企业的发展至关重要。大数据时代,商业竞争中双方对抗的焦点就是信息战,商业竞争情报属于图书情报专业的研究领域,而高校图书馆在情报分析方面具有得天独厚的优势。因此,高校图书馆智库应充分利用其研究员的专业所长,深入跟踪行业及企业的发展动向,并进行综合分析与研究,为行业、企业的重大决策提供信息咨询服务,以及对重大战略进行全程、全面分析指导,综合其竞争情况、市场环境进行深入分析研判,并且为它们的中长期发展进行预测,用所拥有的丰富信息资源对其发展进行支持帮助,使其在行业、企业的发展中发挥情报支撑作用,成为它们的资源库。

同时,在企业前进发展中参与管理,提供"私人订制"智库服务,以智囊团的形式参与到企业的管理活动中去。一方面,专业的图书馆智库人员利用前沿的情报信息为企业的决策提供科学参考;另一方面,实战经验可以有效弥补高校图书馆智库重理论轻实践的短板,同时更有助于智库研究人员捕捉市场规律、掌握市场需求。

3.科研机构层面的智力支撑

先进的科学技术是强国兴邦的主要推动力,在前沿信息方面丰富的资源可以使科研机构在社会发展中的生存得到根本性的保证,这样一来参与研究的科研人员只要掌握一定量的资源就会使研究成果的价值有很大提升。

高校图书馆具备一个极为重要的优势,那就是其本身在各类文献信息资源方面有着很悠久的保存历史,相关学科划分细致,资源丰富,拥有专业的科技查新人员为科学研究提供可靠的参考依据。高校图书馆充分利用自身所具备的一切资源在科研机构进行研究的过程中,提供他们所需要的相关服务。这样就能够有效利用图书馆馆藏文献资源,扩展学科的相关服务范围。而在我国大多数的高校中,智库的研究人员本身也是科研机构的研究人员,高校图书馆智库可以有效地促进科研机构之间的项目联合发展。

因此,高校图书馆智库的另一重要职能就是始终坚持以用户的实际需求为出发点,发挥专业优势,以丰富的各类文献资源为基础,在信息情报方面提供一种快速有效的服务,为科研机构提供智力支撑,同时作为第三方联络员,积极推进科研机构项目融合。

4.高校内的咨询与资源服务

(1)为所属高校的发展提供政策咨询

大数据时代,随着新兴行业与传统行业格局的变化,高校图书馆智库的相关信息数据对解决现实生活中所遇到的问题具有一定的专业性参考。在所属高校的发展过程中,高校图书馆智库在发挥信息优势的同时,需要对高校运行的实际情况进行深入了解,进一步为高校的管理者开展政策咨询,提供更高水平的智库服务。例如,对于某一新兴学科,高校是否要设立,高校图书馆智库可以利用其科技查询部门收集相应资料,为学校提供信息支撑和决策意见。高校图书馆还可积极借鉴其他智库形式的经验,比如定期为学校领导提供智库研究报告,便于学校领导高度重视图书馆智库相关研究问题,利用图书馆智库解决实际问题。

(2)辅助高校人才培养职能

在高校运行管理中,人才培养是重要发展目标,在智库产品输出基础上,高校图书馆智库还要承担人才培养的责任。在实际工作中,高校图书馆智库可以邀请在读博士或硕士研究生积极参与研究智库产品,从而丰富高校人才培养的形式,提供科研实践锻炼的机会。如2004年匈牙利中欧大学政研中心设置了公共政策硕士学位,即 MPP:Master of Public Policy,并为博士/研究生创造了项目实习或研究机会。另外,兰德研究生学院、哈佛肯尼迪政府与密歇根大学公共政策研究所等也设置了该专业学位。此外,韩国开发研究院 KDI 学院以在职教育人才培养为主,为政府部门培养官员与政策研究人才。

高校图书馆智库将科研理论与实践能力等融合起来,从根本上为高校人才培养提供保障。同时,高校图书馆智库与地方企业加强合作,在企业经营中提高智库研究成果使用效率。在高校产学研过程中,图书馆智库发挥着纽带作用,增强了高校教学科研与管理、地方经济发展与建设等社会问题间的联系,更好地服务于公共政策发展,这也是高等教育所倡导的发展方向。

(3)搭建起校内各学科交流的平台

作为决策咨询的开发研究机构,智库建设自身需要很多领域的专家学者,集合集体智慧研究某一问题,从而提供解决方案和咨询意见。胡佛研究所常驻研究人员有 150 名,其专业涉及非常广,包括社会、政治、法律、历史、国家安全、外交、军事及科技等多个领域。上海交大高校学科发展与研究评价中心,学者专业领域涵盖教育、公共管理、环境工程与科学及管理学等专业。由此可以发现,在高校图书馆智库建设工作中,需要各学科领域专家学者合作进行跨学科研究,克服了传统以单一学科为核心的国家课题研究的不足,基于问题导向,依靠智库研究在高校内部构建学科交流平台,在知识交流与思想碰撞的基础上,从根本上保障智库产品的质量。同时,各学科交流平台为培养创新人才提供了推动力,为学生提供了更多参与智库与人文社会科研活动的机会,从而保证学生可以学到更多知识,而并非简单地掌握本学科专业知识,单纯地研究本学科理论,还为其他学科提供丰富的理论知识及研究方法,锻炼了学生的综合实践能力,将学生的视野放到了一个更宽广的平台,从而培养出更多复合型人才。

五、我国高校图书馆智库建设与管理

(一)我国高校图书馆智库建设现存问题分析

1.地域分布不均

高校图书馆智库地域分布不均主要体现在智库数量尤其是高质量的智库在我国各省市的分布呈现明显的不均衡状态。高校图书馆隶属于高校,所以高校图书馆智库的分布与高校在省市地区的分布直接相关。而高校的分布主要受区域政治地位和经济发展情况的影响。北京、上海等大城市是我国的政治、经济及文化中心,其资源配置具有更加突出的优势地位,它们所拥有的教育资源是落后省份无法企及的,这些地区的高校在数量和质量上都是数一数二的,并且高校中智库的数量在国家总数中所占有的比例具有明显优势。

一方面,政治地位高,经济发展快,使这些一线城市能吸引更多的人才,促进了高校图书馆智库的建设与发展;另一方面,因为国家政策与地理位置的关系,使这些地区相较于其他省市更加开放,这使得高校图书馆智库在信息搜集和加工方面更具优势,而落后省份的高校图书馆智库发展则比较滞后。

2.决策转化率不足

纵观近年来相关调查数据,我国高校教师论文著作发表篇幅呈上升趋势,发表出版达到15 万余部著作、158 万余篇论文,刊发高质量文章近 2 万篇,在国家社科基金重要项目中占据70 多项,在教育部重要攻关课题项目中占据 100 多项,高校人文社科研究基地承担研究工作,通过书面形式,为国务院各部委与各级地方政府上交了 6 万多份反馈意见与政策建议。但实际上,最终被政府相关部门采纳的咨询意见并不多,仅作为某一具体问题的初步参考,这些决策建议最终转化为实际成果的效率也不乐观。究其根本原因在于高校与政府间缺乏紧密的合作、联系,高校与政府间的信息不对称,使得高校无法准确、快速掌握相关政策信息,不能够深入了解政府实际需求,从而降低了研究成果转换效率,进而难以通过分析、咨询为政府提供有效的决策建议。并且,部分高校图书馆馆员的智库研究成果较偏重于理论层面,缺乏实践经验,也间接导致智库成果转化率不足的问题。在高校图书馆智库建设中,国家宏观政策是其重要着力点,服务于社会和地方经济发展的相关研究并不多,当前高校图书馆智库建设还处于初级理论探索阶段。因过于依赖政府相关政策的制定,一定程度上形成了重国家发展战略而轻公共决策服务功能的现象,削弱了舆论影响力。国家政策对高校图书馆智库的建设和发展影响比较大,许多有目标开展智库建设的图书馆常因某一项政策而失去了发展的机会,从这一角度来说,严重浪费了高校图书馆智库资源。

3. 缺乏理论与实践结合型人才

面对新时代、新使命、新任务,当前我国智库的发展能力无法适应社会的快速发展,无法充分满足社会的多方面需求。这种问题的产生主要是因为人才不足,特别是缺乏理论与实践结合型人才,缺乏具有专业能力的研究型人才。在现阶段高校图书馆智库建设中,工作人员以在校老师或研究所、研究院工作人员为主,行政编制机构与人员设置比较多,有的高校图书馆甚至出现人员冗余的情况。而在研究队伍构成方面,组织结构相对简单,严重影响到智库研究工作。对于年龄结构,智库研究人员年龄都比较大,缺乏中青年研究人员,这是各省份高校图书馆智库发展存在的普遍问题。

在专业人才素质方面,由于以高校为背景,高校图书馆智库建设中,拥有大量具备丰富理论知识的专家学者,但熟悉国家政治经济政策、了解各地实际情况与各行业、各领域实践研究能力强的应用型人才却非常少,理论与实践结合型人才储备严重不足,这是高校图书馆智库建设中密切依赖高校自身所具备的充足人才资源造成的结果,这是一种优势,同时也可以成为一种劣势。所以,在我国各大高校图书馆中,想要对于智库建设有所发现,就要在以高校固有人才为依托的同时,也有必要融合各领域一线人才参与研究,弥补研究人员专业实践经验不足的问题,保障研究成果的精准性、可实践性。

4. 协同服务意识不足

现阶段,高校图书馆智库建设时间并不长,此种情况下使得在建设过程中所需要的前期积累、在推动其发展的内部动力上缺乏增长的需求。由于在社会发展中政府所发挥的作用太多,就会导致一种发展畸形的研究现状,也使得社会上发挥重要作用的舆论在这里的影响力变小。国家政策对高校图书馆智库发展建设造成了很大的制约,政府的引导使得研究出现同质化、重复化,造成了智库资源的严重浪费,其主要体现在以下几个方面。

(1)高校各学科间,因有不同的研究方法与技术,学科优势各有不同,使得我国高校图书馆智库建设取得了显著成果。反观我国很多高校图书馆智库建设中,各学科与部门间缺乏良好的交流与互动,信息不畅通,闭门造车,缺乏协同创新意识。

(2)"强强联手"与"以强辅弱"的政策方针在高校图书馆智库建设中没有落实到位,互动性差,缺乏流畅的信息共享渠道,信息库建设不完整,分工不合理,使得高校研究存在很大的重复性,严重浪费了信息资源。

(3)高校图书馆智库与其他类型智库缺乏有效沟通,政府主导成立的智库能够第一时间掌握相关政策信息,在国家发展中作用较大;而企业智库得益于深厚的行业背景,资源信息更新快,技术能力强。此种背景下,高校图书馆智库在建设过程中,需要在进行实践活动的时候加强与政府、企业之间的各种联系,这样就能在其中获得更前沿、更细致、更专业的相关信息,同时使得我们所得到的研究成果更加可信与有效。

现阶段,我国很多高校研究成果与政府、企业间缺乏紧密的联系,原因在于高校害怕其他智库会影响到本校图书馆智库研究,且存在明显的信息不对称与信息缺失等问题。相较之国外有名的高校图书馆智库,国内高校图书馆智库之间的差距比较大,缺乏交流机会,没有直接参与智库研究的机会,更不能直接参与国际重要战略会议,智力引入力度差,缺乏对外交流机会,不能准确掌握其他国家尤其是发达国家研究最新动向与先进技术。大量实践表明,故步自封不利于自身思想进步,甚至会降低成果转换效率,此种情况下,我国高校要想加快发展图书馆智库,必须要转变立场、放眼世界,从长远角度思考问题。

(二)我国高校图书馆智库建设与管理

1.坚持智库建设理念

(1)强化智库建设意义

当前我国智库研究水平较低,无法在国际上产生影响力,而智库发展必须突破当前这种僵化的研究模式,将其发展中产生的传统和封闭的劣势进行消除。这也就要求我国在专著论文发表的相关方面提高重视程度。除此之外还要借助互联网的优势,通过媒体宣传相关学术会议活动,对智库研究产生的相关科研成果进行强有力的社会宣传,使我国智库的研究实力增强,尽可能地使其在国际上的影响力逐步扩大,同时成为全球排行榜上的知名智库。在进行高校图书馆智库建设的研究中发现,研究的根本特点是通过多个视角领域开展研究。高校图书馆智库发展,有利于高校实施规范化问题驱动组织,以此规范高校科研组织。建立完善的针对研究人员的激励奖惩体系,能够进一步将各大高校的图书馆之间智库交流范围变得更加广泛。同时,为了使该机构的交流活动在社会发展中顺利进行,我国的相关部门可以出台相应政策,设立专项基金用以提高交流活力,同时把相应的激励制度进行配套实施。加大社会监督考核力度,把交流活动长久地办下去,同时对使用者进行相关调查研究,及时地对于他们的意见进行反馈,以此来改善大众之间的交流效果,为研究活动的开展打下良好的基础。基于任务与项目要求,探索柔性人才流动体系,使得参与研究的人才学者的范围扩大到国内外相关的专业人才,同时对于管理模式进行科学合理的构建,对于智库拥有的人才资源和研究成果向外进行拓展,从而为我国各大高校中的图书馆智库在国际上提高知名度奠定良好的基础。

(2)形成智库服务体系

目前,我国高校建设和管理的新型图书馆智库与政府机构建立了一种数据信息共享机制。在高校图书馆与之进行共享的过程中,要保持自身发展的独立性,同时要在参与决策中形成一种制衡的机制,实现咨询报告的科学意义。

在社会各界人员中实现一种流转,使智库人才不再一成不变,让政府官员、企业人员、行业骨干等各界人才也可以参与智库建设,实现智库知识储备的多样化发展,为智库实现咨询和理论研究工作提供推动力。在发展中实现智库汇集各界精英的作用,有助于研究成果的科学性转化和提高实际运用效率。

进一步提高创新发展能力,使各界之间存在的知识流转壁垒被打破。将各大高校之间的合作进一步深化,使社会各界和智库之间的协同创新体系加以巩固。

始终坚持把政府作为我们进行各种活动的主体对象,以政策分析等相关领域作为服务落脚点。高校图书馆智库应当发挥其自身具备的职能,为政府推行政策提供有意义的咨询和建议,使得研究成果向产品转化。

2. 开展特色智库服务

(1)丰富智库服务模式

高校图书馆智库应当依托其优势,创新开展特色智库服务,不断丰富智库服务模式,切实提升智库服务质量。由于所依托的各类高校发展程度、社会地位不同,高校图书馆智库的规模大小和能力高低都是有差别的。按照分类情况来看,高校所管理的图书馆智库可分为两类,即国家和地方。智库系统在国家层面的表现主要是在对于战略的研究,以及国家发展在政治、文化、经济等领域的研究。智库系统在地方层面的研究成果主要应用于解决地方的问题,用于促进地方经济发展。

由于各级高校图书馆发展程度不同,其中智库能够提供的相关服务也会有所不同。因此,在建设高校图书馆智库过程中,必须对其发展程度进行考虑,对国家、地方的各个层面的相关问题进行深入研究,以社会关注焦点为出发点,不断发展。

(2)满足不同用户需求

满足用户需求应当是高校图书馆智库建设的关键要素,通过分析用户的需求,为其提供与需求相契合的科学权威资源,不断提高智库服务质量,为智库的发展提供强大的推动力。高校图书馆智库可以在政策咨询研究,以及提供相应的智库服务产品等方面进行突破。作为高校重要组成部分的图书馆智库,应该将其服务优势、特点用于满足用户的信息需求方面,同时为高校教师课题研究提供资源支撑。高校图书馆在进行智库服务之前,重点研究用户的个人信息和需求方向,提供有针对性的信息服务;在提供服务后,重点关注用户的信息反馈,以此不断提升智库服务质量,完善智库服务体系。

3. 提高成果转化率

成果转化体现着智库服务的价值,提高成果转化率是提高智库存在价值的必要方式。

(1)与政府部门建立长效沟通机制

从经济学的角度来讲,服务价值的体现在于客户满意程度。在为政府决策提供智慧服务的过程中,政府作为其服务对象就是智库机构的客户,同时由于自身属性的特殊性,也是社会是否实行该政策条例的最高决策者,所以在此基础上,我们的高校智库需要发挥自己原有的资源优势,在合作的基础上与相关政府部门建立一个长期有效的沟通机制。而在日常的研究过程中,就实际情况与政府进行多方面的沟通,切实了解政府决策障碍的核心因素;在研究得出成果后,第一时间让政府部门获得研究成果,使其具备的实践价值及时得到应有的检验,能够让政府在该成果的指导下提高决策的科学性。

(2)利用学者效应增加成果曝光率

知名学者在高等院校、科研机构、政府部门等发挥着重要的智囊作用,推动着各领域的改革与发展。高校图书馆智库借助高校优势,可以汇集大量的学科专家、教授学者。这些专家学者在其专业领域内拥有很强的影响力和话语权,他们同时承担着为所在机构及政府部门提供决策意见的角色。因此,高校图书馆智库可以依托这些人才优势,将研究成果及时提供给用户及相关部门,提高成果转化效率,增加成果曝光率,保证智库成果的时效性,提升研究成果的应用价值,让高校图书馆智库带来的服务被社会各界所接受和认可。

（3）设立项目价值调研评估岗位

目前,高校图书馆智库评估体系大多还不够完善,唯"政府论"、唯"成果论"等导致智库阐述性研究多于前瞻性研究,研究成果虽具有一定的参考价值,却缺少相应的实践利用价值。因此,高校图书馆智库可以设立相应的项目价值调研评估岗位,用以丰富研究视角,客观评估智库成果价值,避免一味地"低头拉车",从源头上提高研究成果的社会实践价值。在智库服务过程中,根据政府、行业、企业的需求进行有针对性的调整,减少盲目选择研究项目的情况,但同时也要注意不要陷入唯"成果论"的怪圈。

4. 多渠道推动决策咨询

高校图书馆智库对于社会发展产生的影响力,是由政策研究中产生的成果质量决定的,也取决于最终的实践效果。国家推动高校智库体系往纵深方向发展,其中为政策的研究提供相关的咨询服务是它的最主要目的。同时,为解决我国高校图书馆智库领域决策咨询服务效率比较低的问题,必须做到如下几点。

（1）转变话语体系

由于向智库进行决策咨询服务的主体对象大多是在社会上占有重要地位的机构,为了提升智库服务质量,相较于传统形式的研究成果,现代形式的研究成果更易于被服务对象所接受。因此需要在提供如咨询报告、统计分析等智库成果的时候减少传统学术语言的使用,转变话语体系,加强和改进成果表达方式。此外,因决策者的身份不同,且不同领域决策者的认知偏好也存在差异,这也就要求高校图书馆智库要以个体的不同差异为依据进行决策咨询服务。

（2）拓宽咨询渠道

首先,对于传统的推广形式还需要继续进行使用,因为推广方式中易被接受、传播效果稳定的就是利用传统推广途径,在具体智库咨询过程中,可针对不同的接收群体应用不同的推广方式。其次,需要积极拓宽对促进成果宣传有益的咨询形式,如研讨会、交流活动、学术会议、发展论坛等,这样就能及时与用户进行交流,便于获得反馈信息,针对不足之处进行修改完善。再者来说,互联网环境下的信息推广模式时效性更强、传播范围更广,当今时代下的互联网技术为高校图书馆智库拓宽咨询渠道提供巨大便利,能够第一时间获得有效信息,高校图书馆智库对于市场的发展能够有一个整体的把握,并且在问题发生之时及时给出解决对策。

5. 提高学科馆员的智库素养

在高校图书馆提供的信息服务中,其中主要推进实施的人是在图书馆工作的各类学科馆员,这种工作岗位的设置也是出于对使用者提供咨询服务的考虑。清华大学学科馆员为相关院系提供精准推送服务,这是我国早期学科馆员机制的典范。而在发展相对来说比较成熟的图书馆管理制度中,这些负责管理该学科的图书馆馆员就会在一定程度上作为文献专家存在。这些学科馆员接受专业教育,都具有良好的专业能力,能够利用图书馆的各类资源,很快掌握该领域的专业参考咨询技能,熟练使用各类参考工具与电子文献,在科研工作中信息咨询员的职能得到了充分的发挥。同时,在图书馆发展中,每一类学科馆员的参与都充分体现了其工作职责,为自身技术特长的发挥创造了机会。因此,这就对学科馆员的信息搜集与知识分析能力,以及后续的相关服务能力等提出了更高的要求。

（1）挖掘图情专门人才

图情专门人才是高校图书馆智库区别于其他智库形式的显著特征。在目前的智库建设当中,对人力资源的研究往往集中在专业领域,这也就形成了由各领域专家学者组成的智囊团队模式。但对于高校图书馆智库来讲,其优势在于拥有大量进行文献收集、分析和处理的工作人员,也就是专业的图书情报人才,这类人才的作用不仅限于为图情学科提供智力服务,更重要的是为项目研究提供精准的信息分析并对智库的研究成果进行有效传播与转化。图情人才的参与可有效促进智库组织的工作效率,可以说,没有图情人才参与的智库组织是不完整的。

（2）邀请校内外专家

把图书馆工作中的情报功能作为该领域的突破口,以及在高校智库领域的建设中对知识和人才资源上巨大的补给空缺入手,这些就使得图书馆各学科的负责馆员运用大数据时代下的相关技术,对于一些有价值的信息进行收集汇总,通过这些信息满足研究需求。当智库的建设队伍中流失了一部分具有丰富的实践经验的专家时,会导致出现两者衔接不当的现象,这个时候就需要通过对以往的实践经验进行归纳总结,使得智库发展所需的人才数量充足,进而形成人才梯队。这就需要邀请校内外专家在新概念的理解、新技术的应用方面对智库研究人员进行及时的培训与指导。针对个别非常规项目也可以临时邀请校内外的专家学者参与,在提升人力资源效率的同时,丰富智囊团的知识架构与分布。

6.重视各方力量协调合作

在对于智库的研究领域的开发方面,应当发挥自身所具备的人才优势、资源优势。同时,利用高校学科等优势建立图书馆智库,应当继续从事原有的研究领域。在高校图书馆智库建设中,其特点主要表现为研究队伍来自各领域的学科专家,在读学生作为重要科研力量,对智库服务的开展提供了重要支撑。高校图书馆智库的发展有利于高校实施规范化问题驱动组织形式,规范高校科研组织。在我国被世界发展较好的国家进行经济孤立的时期,社会矛盾逐渐尖锐,这也就使单单从一个学科的角度进行社会研究用处不大,因此要求社会人才综合各方力量进行学术研究,体现了多维度研究问题的重要性。

（1）横向与纵向合作

在信息飞速传播的大数据时代,随着互联网技术的不断应用,当政府想要进行科学决策时就需要有比以前更专业、更丰富的知识来进行支撑,所以我们的高校图书馆智库建设需要有综合各方面的能力。如果智库在发展的时候缺少了与彼此或者与其他社会机构的交流、合作,就会在知识结构上造成局限。横向与纵向合作对于开展高校图书馆智库服务工作至关重要,横向方面可与其相关的图书馆建立起图书馆智库联盟,加强资源互通,提升智库服务水平;纵向方面可与其上、下级单位互联互通,提升上下级之间的关联与沟通效率。

（2）区域抱团发展与行业协作共赢

从在资源方面进行区域共享的角度来看,各大高校图书馆智库之间都有一种区域性特征,分布相对较为集中,也就使得在高校用自身拥有的资源帮助智库发展的过程中,都是集中在各自比较擅长的领域,因此更应该在各大高校间加强合作,打破局限性,克服各自发展遇到的困难。

真正有用的知识都是通过个体实践得出来的,每一家高校图书馆智库在个体实践中都形成了其特殊优势,但也各有不足。智库在我国各大高校图书馆的负责下发展,就要取长补短,突破原有的机构限制,构建一种多领域、多行业、多学科的智库联盟,通过这个方式来进行区域的抱团发展和行业的协作共赢。

(3)建立相关协作平台

运用互联网环境的相关手段,建设一个可以使得社会上信息实现共享的平台,而这个平台的功能是多样化的,它可以对信息进行统一收集,为用户提供使用和检索等功能,集多种功能于一体。平台搭建是促进各方参与的基础,在智库联盟互助的基础上,建设与之相关的有利于智库进行协作的一个双向互赢平台。在这个发展过程中,能够使得我国高校图书馆智库在服务方面的发展能力逐渐走向国际化。一方面,我国发展过程中的高校所管理的图书馆建设的智库可以与党政军智库在平台上完成交流与合作,不同类型的智库可以在平台上实现学科互补,结合互补性的资源、能力以实现共同的研究目标。另一方面,各学科交流平台为培养创新人才提供了推动力,利用智库平台,例如研究生、专业实践人员有更多参与科研活动的机会,从而学到更多学科知识,并非只局限于研究本学科理论与应用问题,从而为其他学科形成丰富的理论知识与研究方法,为学生视野得到拓宽、思维实现系统化发展,为创新人才培养目标的实现奠定良好的基础。

随着时代的进步,科技发展水平不断提高,在社会各领域发展中,智库作用日益突出,为社会服务发展做出了积极贡献。众所周知,事物的发展需要综合利用各方力量,智库建设同样如此,需要借鉴成熟智库的经验,重点加强高端智库建设,提高其影响力,促进智库建设的专业化发展。高校图书馆智库自开始建设以来,智库服务质量不断提升,智库成果形式逐渐丰富,一定程度上加快了我国深化改革的进程,为国家与地方经济发展提供了推动力。

第三章　高校图书馆智慧化服务的理论分析

　　"智慧地球"的问世伴随而来的是纷繁复杂的新技术的不断涌现和发展,同时,由于大量信息的出现和聚集而产生的信息爆炸时有发生。面对飞速发展的社会,图书馆用户的各类信息需求也急需新技术的处理和满足,而过去传统意义上的服务已经逐渐被取代,各类高校纷纷进行了从传统向智慧化发展的图书馆转型。智慧图书馆服务中的推荐功能不仅能够自主通过用户的一系列行为对其进行总结分析,同时根据用户自身的喜好和偏好进行针对性的资源以及信息图书推荐,从而达到最大程度满足用户新需求的目的。本章是高校图书馆智慧化服务的理论分析,在对高校图书馆服务的理论基础进行阐释的基础上,重点探讨了高校智慧图书馆服务现状及优化对策。

第一节　高校图书馆服务的理论基础

　　高校图书馆服务是以信息知识的搜寻、组织、分析、重组的知识和能力为基础,根据师生的问题和环境,融入师生解决问题的过程之中,提供能够有效支持知识应用和知识创新的服务。因此,高校图书馆服务与创新理论及知识管理密不可分,并且,高校图书馆服务是以它们为理论基础的。

一、创新理论

(一)创新的内涵与特征

1.创新的内涵

　　创新,是淘汰旧的东西,创造新的东西,它是一切事物向前发展的根本动力,是事物内部新的进步因素通过矛盾斗争战胜旧的落后因素,最终发展成为新事物的过程。具体来说,创新是创造与革新的合称。创造是指新构想、新观念的产生;革新是指新观念、新构想的运用。从这个意义上说,创造是革新的前导,革新是创造的后续。

　　创新与发明是有区别的,发明是指一种新产品、新技术或新经营方式的初次出现,但就创新来说,那仅仅是开始。发明完成以后,要进行创新,需把发明引入经济之中,从而给经济带来较大的影响和变革。创新是把新设想逐步转变成经济上的成功,实现商业化开发和扩散,从而给企业和社会带来高额收益的活动。

2.创新的特征

(1)新颖性

创新,是解决前人所没有解决的问题,不是模仿、再造,而是继承中又有了新的突破,因而其成果必然是新颖的,其中必有过去所没有的新的因素或成分。

(2)未来性

创新所要解决的课题都是前人所没有解决的,因而创新始终是面向未来,把目光注视着未来。一个真正的创新者,总是面向未来、热爱未来、研究未来、追求未来、创造未来的。

(3)创造性

创新是多种复杂的创造性活动。这种创造性,一是体现在新技术、新产品、新工艺的显著变化上;二是体现在组织结构、制度、经营和管理方式上的创新。这种创新性的特点是打破常规、适应规律、敢走新路、勇于探索。创造性最本质的属性是敢于进行新的尝试,它包括新的设想、新的实验、新的举措等。

(4)变革性

从创新的实质来看,都带有变革性,往往是变革旧事物的产物。所谓"穷则变,变则通",当我们没有办法解决问题的时候,就得考虑一下"变",即改变结构、功能、方式、方法。"变"了,问题就解决"通"了。这种由"变"到"通"的过程,就是创造和革新的过程,不破不立,破"旧"才能立"新",推"陈"才能出"新",这些都是指对旧事物的变革。

(5)价值性

从创新成果的社会效果看,都具有普遍的社会价值,或为经济价值,或为学术价值,或为艺术价值,或为实用价值;不管是物质成果还是精神成果,没有一定的社会价值,创新成果就失去了存在的意义。

(6)先进性

它是与旧事物相比较而言的。创新的成果如果光有新颖性、价值性,而无先进性,就不能战胜旧事物。以产品来说,不以先进技术武装产品,就很难占领现代激烈的竞争市场。

(7)时间性

对创新成果的确认,与时间有着密切关系。相同或相似的成果是否被确认,多以时间的先后为界。例如,我国发现一颗新星,仅比别国早几分钟,就以我国名称命名,而其他国家的发现则不予承认。发明的专利权也以申请时间的先后为界。

(8)市场性

市场既是企业创新的出发点,又是企业创新的归宿点。因此,企业的一切创新行为都应致力于提高企业与市场的吻合度。这其中包括三层含义:一是企业创新行为,要适应市场变化,跟上市场前进的步伐;二是把握市场变化规律,通过创新,做到与市场变化同步前进;三是预测市场未来的发展方向、潜在趋势,通过观念创新、产品创新、管理创新去创造需求、创造市场。企业最直接的客观环境是市场,离开市场,也就谈不上准确、科学的创新。

（9）风险性

在创新过程中，尽管人们总是认真地分析已知和未知条件，但人们不可能准确无误地预测未来，不能完全准确地左右未来客观环境的变化和发展趋势，这就使得创新具有一定的风险性。创新一旦成功，其成果将为企业带来可观的经济效益，大大提高企业的市场竞争能力；一旦失败，不但创新过程的所有投入无法收回，有时还会降低企业的市场竞争能力。所以，创新是一种高收益与高风险并存的经济活动。创新风险可分为技术风险和市场风险两类。技术风险是指一项创新在技术上存在成功与否的不确定性；市场风险是指一项创新活动在技术上成功之后，还存在其成果是否受市场欢迎的不确定性。

（10）协同性

创新是一个动态的过程，创新效益的实现贯穿于整个创新活动之中。为了使企业创新活动有效地进行，需要内部战略、组织、资金、文化等要素之间的协同。例如，在进行产品和工艺创新的同时，还必须致力于开拓新的市场，建立新的购销网络和经营体系；要抓好企业组织体制的创新与规范，探索适应创新活动的管理方法和手段。

（11）效益性

创新的最终目标应体现在增加企业效益、促进企业持续发展中。因此，只有通过企业创新方案的实施，实现企业的发展，才真正达到企业创新的目的。这里，企业创新与一般理论上的创新是有区别的。理论上的创新侧重于新观点、新理论的探索，而企业创新则侧重于真正实现企业经济效益的提高。

创新的这些特性综合起来最根本的特征就是一个"新"字。没有"新"意，也就无所谓创新了。创新之所以具有强大的生命力，就在于这个"新"字。新事物之所以不可战胜，就在于其既有继承性，同时又在继承中有新发展，即创新性，因而比之旧事物就有了无可比拟的优越性。

（二）知识创新

知识创新是指通过科学研究，包括基础研究和应用研究，获得新的基础科学和技术科学知识的过程，是新思想的产生、演化、交流并应用到产品（服务）中去的过程。知识创新的目的是追求新发现、探索新规律、创立新学说、创造新方法、积累新知识，从而达到创造知识高附加值、谋取企业竞争优势地位的目标。

1.知识创新的特征

（1）知识创新依靠网络化的组织结构

网络化组织结构鼓励创新过程中的知识在合伙商、用户、供应商、科研院校、其他股东及竞争对手之间流动，知识网络在当今社会已变得越来越重要。

（2）知识创新充分发挥了合作的优势

知识创新更加注重合作性战略，合作性战略鼓励通过共同关系建立共享利益环境。知识增长了，生产领域扩大了，可供用户需要的新产品增加了，市场利润总额增加了，蛋糕也会变得更大，每个企业获得的利润都会增加。合作能促使科技知识的流动，为创新提供更多的机会和信息来源。

（3）知识创新以用户成功为原则

知识创新既要满足用户当前的需要，更要重视用户未来的需求，并努力赢得未来的成功。用户创新或联合用户共同创新是获取经济财富的一个新来源，因而企业必须十分重视对用户成功的关注，未来业务的增长也依赖于这方面潜在的需求和未来的市场开发。

（4）知识创新必须得到有效的管理

知识管理基于"知识共享"。当今许多具有前瞻性的企业在创新过程中强调知识的地位和作用，这是企业未来成功的关键。知识管理可以带给企业每年 5%～10% 的经济增长，而知识创新可使企业每年获得 10 倍甚至 100 倍的收益。因此，必须将知识管理和知识创新有机结合起来。

（5）知识创新以成果应用为目标

知识创新本身不同于经济的发展，只有将知识创新所形成的科学技术方面的创新成果迅速转化为生产力，才能带动经济的发展，关键在于知识信息的创造、加工、传播和应用各个环节之间的有机结合，缩短从知识创新到应用的周期，提高科技成果的转化率。世界知识经济发展的现实表明，知识创新的转化率越来越快，从创新到应用的周期越来越短，而且，只有当知识创新的成果最终落实到生产领域，实现产品终极换代的时候，才能起到带动经济发展的作用。

2. 知识创新在知识经济及知识服务中的作用

（1）知识创新是知识服务的核心内容

知识服务的提供主要依赖于知识创新，知识服务的产生就是知识创新的结晶。尽管知识服务的形式千差万别，研究领域各不相同，成果价值有大有小，但它们都有一个共同的特征，这就是知识创新。如果没有知识创新，就没有今天的知识服务，更别谈知识服务的未来发展，在当今知识服务发展中，谁拥有知识创新能力，谁就拥有知识服务的发展优势和竞争优势。

（2）知识创新是知识经济和知识服务快速发展的保障

知识经济的迅猛发展使得科学技术发展日新月异，知识更新速度日益加快，新的矛盾不断产生，新的探索不断开拓，新的成果不断涌现，其速度之快，已构成对现有各个领域的严峻挑战。由于全球电脑网络的形成，使技术和产品的生命周期缩短，产品可以通过网络在瞬间通达全球，从而使产品一上市就立即面临更新，产品在市场空间上的占有转化为时间上的超前。现在已开始通过信息网络进行学习、交流、教育、管理、贸易，越来越多的信息进入内部互联网和国际互联网。因此，可以说知识经济的快速发展，知识服务的快速发展，是知识不断创新的结果。

（3）知识经济和知识服务刺激知识创新的发展

知识经济的快速发展，使人们在知识海洋中的活动视野越来越广阔，活动舞台越来越大，获得的信息越来越多，这有利于人们突破地区、行业、民族以及国家的界限，在广阔的空间更能展现聪明才智、扩大视野，增长才干，发挥创新能力。随着知识经济、知识服务的发展，人们有着越来越多的创新机会，使知识创新不断在高水平上与知识服务发展相辅相成、相得益彰，从而使经济力与创新力得到蓬勃发展。

3.知识创新与高校图书馆服务创新

（1）高校图书馆的服务现状

目前,随着计算机技术和网络技术的普及和应用,高校图书馆无论在服务内容、服务方式还是服务手段上都较以前有了很大的飞跃和提高,文献载体不仅有印刷型,还有光盘型、网络版;读者借阅更加方便、快捷,借阅的范围突破了时空的限制。但是,高校图书馆的管理和服务中仍然存在着与知识经济发展趋势不相适应的地方。

虽然高校图书馆在传统服务基础上扩展了服务内容,开拓了新的服务项目,但是在知识经济快速发展的现在,其服务方式和服务难以达到读者对信息资源"广、快、精、准、全"的要求。主要表现在以下几个方面:第一,服务重点总体上还停留在借阅的层次上,一直采用"购书—馆藏—借阅"的服务模式,停留在文献信息提供的服务上,信息资源不能得到广泛利用和共享,一些高层次的服务如定题服务、情报检索、参考咨询等开展得不够,没有真正实现向参考咨询服务的转变,不能根据读者所需求的知识、信息,有针对性地、因人而异地进行具体的个性服务,缺乏综合性、专业性的服务能力,不能有效地吸引各类读者。第二,对读者学习能力和素质的培养支撑不够,这也影响了高校的教学和科研质量提升,对高校培养有创新能力的高层次人才不利。第三,缺乏与知识创新组织的有效沟通,图书馆缺乏与学校的各科研组织(包括国家重点实验室、各主要课题项目组、各研究中心、大学科技园等)的联系沟通,从而对学校的总体科研活动支持力度不够,没有形成以读者为中心、以需求为导询的主动服务理念。第四,服务的时间和空间受到限制,服务环境仅局限于阅览室和借阅室,服务时间受到开馆时间的限制,是一种受时空制约的被动服务。

另外,高校图书馆作为国家文化教育的重要组成部门,应该对大众科学知识的普及起到积极的推动作用。而且,知识的创新依赖于技术信息的顺畅流通,因此,对高校图书馆来说也是一个潜在的服务市场。但是,事实上,高校图书馆的不对外开放,一方面造成了馆内信息与人才的相对富有,而另一方面馆外大众对知识的渴望得不到满足,使得高校这个知识创新的推动力难以发挥最大作用。

（2）高校图书馆服务创新措施

知识经济条件下的高校图书馆要改进其现有服务,实施服务创新,适应用户的各种需求,以满足时代赋予高校的重任。在服务创新方面,要强化服务质量意识,拓宽服务范围,充分挖掘资源、人力、系统、网络几个方面的潜力,不断增加服务内涵,逐步提高服务效益。具体而言,可通过下列几个方面来进行创新体系建设。

①建立便捷畅通的信息服务渠道

首先,完善计算机公共检索系统和信息导航系统。提供联机公用目录 OPAC 和基于 OPAC 检索的流通服务,使用户跨越时空的界限上网检索本馆的书目,查询文献流通情况,并通过联机方式办理预约、借阅、催还等手续,提高文献的利用率;还可与其他图书馆签订互借协议,为用户检索其他图书馆的公共联机检索目录和进行互借提供服务,同时建立信息导航系统;可以根据学校专业设置及用户的信息需求,在主页上用链接的方式建立信息导航系统,使用户在网上能迅速查到自己所需的文献信息。其次,加速光盘数据库系统网络化建设。随着光盘存储技术的发展,各类光盘数据库已成为文献资源的重要组成部分。高校图书馆要加速光盘数据库系统网络化建设,尽快建立光盘服务器或使用海量存储技术,将一些用户使用频繁、检索量大的文献数据库安装在光盘塔上,通过校园网实现光盘检索与全文光盘阅览网络化。再次,加强网上咨询服务。信息化网络化的发展,使越来越多的用户趋向于通过校园网请求实时咨询服务。高校图书馆应提供直接在网络上进行交互式问答或通过电子邮件等方式与用户交流、解答咨询的服务;还可设立电子会议系统,为用户提供面对面的咨询服务。

②加强与服务对象的沟通与协调

科研部门方面,要从战略上跟踪世界主要发达国家科技发展动态,从战术上紧紧把握学科和专业的发展动向,并委托一位或若干位专家负责该部门的图书文献信息方面的收集工作,及时反馈给图书馆。图书馆方面,首先,按大的科研方向培养若干名优秀的馆员担任研究馆员,除了定期向科研部门介绍图书馆的新资源、新服务,还要了解该科研发展对图书馆资源和服务的新要求;其次,可以开展重点专题咨询服务,配合科研人员实现科研攻关目标并主动与科研部门联系,开展重点专题的咨询服务,使科研工作者集中精力搞研发;第三,建立网络环境的通告服务,根据用户制定的检索策略,定期将期刊目次及文章的内容提要传送至用户的邮箱,并能联机进行一次文献的传递服务,根据用户研究课题的需要,不断进行文献资料的收集、筛选、整理工作,定期提供给用户;第四,建立 SCI 咨询中心,及时跟踪学科的前沿信息,并编辑 SCI、ISIP、EI 和 ISR 等国际公认的四大索引的专题资料,发放到各院系和科研单位,以供参阅;第五,引导科研工作者将 web of science 作为查找信息的新工具,因为它具有引文索引的独特强大功能,可以用来查找谁正在引用你的研究成果,你的研究成果对以后的研究有何影响,提示研究者吸取前人研究成果时的去向,跟踪同行的研究动态,发现国内外竞争对手在研究工作中使用什么样的信息资源。

③建立与产业部门的互动和协调

高校的科研成果最终要服务于产业建设,而产业部门对高校的科研部门和图书馆有着信息的反馈作用,另外,图书馆还可直接服务于产业部门,并从产业部门获得资金资助。因此,高校要加强与产业部门的联系,及时了解产业的发展动向,为产业部门的信息需求提供资源。比如,可以通过建立企业咨询中心的方式服务产业部门,同时又获得自身的进一步发展。随着企业自身的结构调整和产业升级,对科技信息资源的需求将越来越迫切,高校图书馆可以利用自身的资源和人才优势,建立企业咨询中心,进行有偿服务,以企业化或半企业化运作方式开拓和发展信息中介咨询服务。国外的经验表明,积极吸引社会资金和捐赠,向社会提供无偿服务或有偿服务,并将服务所得全部用于自我积累、自我发展的模式,非常适合公益性科研部门。

④建立开放式的服务模式,扩展服务范围

加强高校图书馆的社会教育职能,推动文化信息、知识的传播。在欧美国家,高校图书馆一般都对公众开放,而我国高校图书馆一般都只对内开放,这与日益开放、进步的知识经济社会很不协调。因此,面向社会开放,应当成为大学图书馆服务创新的重要内容之一。服务内容可以包括:向公众开放、借阅;邀请知名专家、学者免费举办各种类型的讲座、培训班;定期开展有意义的文化活动。

⑤建立服务于素质教育和能力培养的体系

图书馆不仅通过各种出版物直接传授知识,成为函授、电化教育机构以及各类专业技能的培训场所,而且将在学校教育从以"教"为中心转变为以"学"为中心后,成为正规学校教育的一个组成部分。图书馆在培养读者终身学习能力方面十分重要,这比帮助读者单纯地借到一本书或查到一份资料要有价值得多。由此,高校图书馆的服务重心应该尽快从借阅服务向参考咨询服务转变,教会读者如何使用图书馆、如何学习等;在网络时代,图书馆要特别加强对读者的网络教育,告诉读者如何利用网络快速找到所需信息。

总之,知识经济时代中的高校图书馆,要以促进学校及相关产业部门的科学研究为关键,以提高受教育者的文化素质和学习能力为根本出发点,构建面向知识经济的图书馆知识服务体系。

二、知识管理

(一)知识管理的内涵与特征

1.知识管理的内涵

知识管理从狭义角度讲是指在组织中建构一个人文与技术兼备的知识系统,让组织中的资讯与知识,透过获得、创造、分享、整合、记录、存取、更新等过程,达到知识不断创新的最终目的,并回馈到知识系统内,个人与组织的知识得以永不间断的累积,从系统的角度进行思考,这将成为组织的智慧资本,有助于企业做出正确的决策,以应对市场的变迁。从内容上讲,知识管理包含了三个层次:一是对知识作为信息的管理,即信息管理,通过优化信息获取、保存、传递和交流渠道,实现信息交流和知识共享,促进知识创新;二是对知识的生产和利用的管理,由于知识存在于人的实践过程中,其管理的核心在于通过管理人头脑中隐性知识的利用和显性知识的学习,使人们在整个团体中更紧密地协同工作,提高整个团体的工作效率,因此实际上也就是人力资源管理;三是知识组织管理,是对现有知识的描述、揭示、分析、综合等知识组织活动,即所谓的信息开发,知识只有通过组织才能被更多的人分享,从而最大限度地实现其价值,这是知识管理的核心,知识管理的目标就是鉴别有用的和相关的知识,组织和合成知识,激发知识的创新作用,其实质是将两种不同的信息形态即知识及具有创新精神的人共同作为管理的对象。

从形式和类型上讲,知识的构成具有两个层面:显性知识和隐性知识。显性知识是指已经文档化的,可通过书面或文字形式来表达的知识,是一种便于传播的知识。而隐性知识则是未能用文字记述的难以交流的知识,以专业技能的形式存在于个人行为中,它指的是人的知识,通常存在于人的头脑中,是无形的,有待于开发利用的知识财富。在传统管理中,隐性知识没有引起人们的足够重视,随着知识经济的兴起,隐性知识与创新之间的内在相关性逐渐引起了人们的重视。知识管理的核心就是要创造一种隐性知识与显性知识互动的机制和平台,把隐性知识转化为人们可以共享的知识库,并促进显性知识与隐性知识之间的相互转化,从而形成知识创新与共享的良性循环。

知识管理是信息管理的进一步发展,它与信息技术密不可分,并共同构成企业商务智能,成为企业核心竞争力的源泉。第一代信息化管理的是数据;第二代信息化管理的是信息;而知识管理将信息化推进到第三阶段,第三代信息化管理的对象是知识,透过知识的分享,促使整个企业、个人得以进步。知识管理涉及了许多相关研究领域,它可以和学习、创新、教育、记忆、文化、人力资源管理、心理科学、脑科学、管理科学、信息科学、信息技术、图书馆学和情报学等联系在一起,它并不单纯是一种管理理论,而是涉及从技术到管理到哲学的多个层面。因此,不能通过任何一个简单的框架或模型去涵盖其全部意义。

2.知识管理的特征

知识管理与一般的企业管理不同,其实施的关键在于建立鼓励员工参与知识共享的机制,培养企业的集体创新和创造能力,其主要特征表现为以下几点。

(1)知识管理以人为本,注重人力资本培养

用知识的观点看组织,就会把人看作是收益的创造者,其首要任务是把知识转化为无形的结构,这与工业时代将人简单地看作是生产成本和生产要素有很大区别。因此,知识管理对知识与人才高度重视,把企业看作"学习型组织",要求员工不断获取知识,并发挥知识团队的整合效应。知识管理重视知识的共享与创新,它运用集体的智慧来提高应变能力和创新能力,从而增强企业的竞争力;重视对员工的鼓励和培养,通过赋予员工更大的权利和责任来激发员工的主观能动性和创造性,充分挖掘员工的潜能。

(2)知识管理以先进的信息技术为支撑

这主要表现为:在信息向知识转化的处理上,它是利用数据仓库、数据挖掘技术、人工智能技术来获取信息中隐含的知识;而在知识的存储和传播上,它则是利用大型数据库技术、存储结构技术、现代通信技术、网络技术等,以保证知识的充分共享。

(3)知识管理是一种制度和方法

尽管信息技术是知识管理中的关键因素,不过知识管理中计算机技术只是实现知识管理的一种手段,其管理的因素仍然大于计算机的因素。通过建立完善的管理制度,提高知识管理效能,如在图书馆管理中建立首席馆员制度,通过首席馆员制度,在知识组织单元内,负责知识开发和知识利用,落实知识管理目标和任务,提高知识服务效能。

(4)知识管理是一个循环往复、螺旋上升的创新和发展过程

知识管理中的个人和群组通过使用包含在文档、系统中或其他形式的信息,或者个人的专业技能,能够系统地进行协作,并在相互的交流中获得知识的进化与创造,然后开始新的一轮知识应用和创新过程。因此,知识管理是一个不断创新和发展的过程。

(5)知识管理需要继承和集成其他信息系统

在知识管理中需要一定的信息积累和管理基础,还需要较好的信息交流和流通渠道,这就要求利用信息技术来建立相应系统,帮助信息的收集和管理、知识的发现和管理、信息知识的共享和传递等。换言之,知识管理脱离不了服务系统。

知识管理需要完善的制度保障才能顺利实施。在现在的企业管理制度下,各部门都有自己的知识并需要发展知识,但是并没有一个合适的知识管理制度以及更高层次的协调机制。随着知识管理的内容日益复杂化和重要化,一些公司高层管理者中设立了首席知识官 CKO (Chief Knowledge Officer)的职位,目的在于通过共享信息的网络,而非通过组织的等级机构来传递信息流。

(二)高校图书馆知识管理的意义

1.高校图书馆知识管理推动知识创新的发展

知识管理的直接目标是通过知识管理实现知识创新,知识管理的最终目的是通过不断提高适应环境变化的能力,将其运用于高校图书馆工作中,为教学、科研提供最新的学术知识。高校图书馆要取得进一步发展,就要认识到知识创新的重要性以及进行知识管理的必要性。高校图书馆虽然已经拥有了大量的关于其自身运作的信息,却很少用这些信息去创造组织的知识,也没有运用组织的知识来提高服务质量、加快学术知识的传播。

2.高校图书馆知识管理能够有利于自身知识的创造

从理论角度看,可以把知识看作一个金字塔,所有的知识都是从金字塔的底部开始,即原始文献。经过图书馆的加工处理,在对其进行分类、编目后,这些数据就变成了信息,而当进一步加入参考资料后,信息就变成了情报,情报经过证实就变成了知识,最后,知识经过综合则变成了智慧。过去,图书馆只善于从原始文献中创造学术信息与情报,却不善于从情报中创造知识。知识管理就是发展与应用组织知识来提高图书馆效率的一种方式,同时,知识管理还会为高校提供组织知识。

3.高校图书馆知识管理能够提高图书馆整体工作效能

知识管理强调集中图书馆资源的智慧,发挥集体力量,通过有效的管理来做好图书馆的各项业务活动。这样,一方面减少决策过程中的失误,提高管理效率;另一方面,能够有效地对知识需求和知识创新产生反应,通过自身的管理创新和服务创新来满足高校科研和教学的需求,并能有效地吸收外界的知识创新并纳入自身服务范围,提高图书馆自身工作效能。

(三)高校图书馆知识管理的内容

高校图书馆知识管理是指应用知识管理的理论和方法,合理配置和使用图书馆的各种资源,充分满足用户不断变化的信息与知识需求,并提升现代图书馆的各项职能,更好地发挥其作用的过程。图书馆知识管理主要体现在人事管理、业务管理和行政管理等方面的整合和创新。

1.人力资源管理

人力资源管理是图书馆知识管理的核心内容。人是创造、传播和利用知识的主体,图书馆知识管理十分重视人在知识管理中的核心作用,积极培养胜任知识管理的知识型馆员,全面提高馆员素质和定位人的价值成为图书馆知识管理的重要目标。

2.知识创新管理

包括知识的理论创新管理、技术创新管理与组织创新管理三部分。理论创新管理是追踪图书馆学的最新发展动态,如对数字图书馆的深入研究;技术创新管理就是对由与技术创新相关的机构和组织所构成的网络系统的管理,如多媒体信息的分编等;组织创新管理是通过实行图书馆机构重组,优化工作流程,建立符合数字图书馆的有效组织管理体系,以适应知识管理活动,其目的就是充分发挥员工的积极性和创造性,提高劳动生产率,尤其是发挥高智能员工在知识创新中的巨大作用。

3.信息技术管理

现代信息技术的出现打破了信息传递的时空限制,交流形式更为生动、直观,通过这些技术能够促进知识向用户及时准确地传送,实现信息反馈、激发知识的创新。

4.知识资源管理

图书馆知识资源管理就是对显性知识和隐性知识的搜集、整理、存储、使用,并使其充分发挥作用的过程。主要体现为:一是对显性知识的序化,即对显性知识加以序化组织,以便建立知识库,供用户使用;二是对隐性知识的发掘,即强调人的价值,认为人是知识管理的核心,要建立一种创新、交流学习和应用知识的环境与激励机制;三是培养知识型馆员,建立人才库,知识库和人才库的建立,是图书馆实施知识管理的必备条件。

(四)高校图书馆知识管理的实施模式

1.基于显性知识的管理模式

运用知识管理的理念和知识管理的工具对馆藏电子文献和网络信息资源进行整合,使其达到合理配置。在此方面,高校图书馆可以开展数字资源和网络虚拟资源建设,帮助用户方便、快捷地利用文献信息资源;同时加强本馆富有特色的数字化文献信息资源的开发,建立起富有本馆特色的数字图书馆。此外,高校图书馆还有必要与其他数字图书馆共享信息资源。只有通过多个图书馆间的协同发展,形成一个互为补充、互为利用、互为推动的文献信息资源保障体系,并提供网上文献信息服务,文献信息网络才能充分发挥作用。在知识的存储和传播上,可以利用大型数据库技术、新型检索技术、智能代理、搜索引擎以及网络技术,保证知识的充分共享。同时,可以利用专门的分析工具与反馈系统,实现知识寻求者与知识提供者之间的交流,使信息资源得到及时匹配和传送。

2.基于隐性知识的管理模式

知识管理中的知识包括存在于人脑中的隐性知识,对隐性知识的管理主要是挖掘图书馆员的潜在知识功能,使图书馆员从单纯的管理图书向管理知识转变。首先,人是知识管理的核心,图书馆要创建以人为本的机制,充分调动馆员的能动性和创造性,营造宽松的环境,促使每个员工不断学习,进行内在的知识积累,并在此基础上实现潜力的外化,即自主地发挥自身的能动性与创造性;其次,还可以建立和开发与隐性知识相配套的知识共享报酬和刺激机制,挖掘和发挥高校图书馆员工的潜在能力,完善用人机制和分配制度。可以参照西方国家的普遍做法,将高校图书馆工作人员分为两大类:专业馆员和非专业馆员。前者主要在参考咨询部门工作,包括各种文献的选定、专题数据库的开发及利用、网上资源建设、检索课教学、读者辅导等;后者则主要从事图书馆的一般性助理工作。这种分工有助于更好地调动专业人员的积极性,更大效率地发挥图书馆的作用。

(五)高校知识管理模式的重构

1.重构业务流程

传统高校图书馆工作流程的管理,不同职能部门之间条块分割、分工明确,虽然便于管理,但不利于信息有效和连续的传递。因此,从有利于知识的传播和共享的角度,要对图书馆工作流程进行重组,打破原职能部门的分工界线,充分考虑知识传递和利用过程的连续性和有效性,减少管理层次和重复作业,以提高图书馆的工作效率。这既体现图书馆的发展方向,也将从根本上促进图书馆的发展,比如有些高校图书馆将中外文图书的采购、编目、典藏业务合并入文献资源部;将中外文期刊采购、编目、阅览、图书流通、剔旧、书库管理、文献咨询并入读者服务部;将文献检索、信息咨询、信息导航、数字资源采集、多媒体阅览、用户培训并入信息部;将系统维护、软件开发、网上本地资源管理、本馆主页维护、技术服务、网络用户服务等合并入技术部等。通过高校图书馆业务流程的重组,进一步体现新型的服务理念,以提高知识资产的管理效率和使用价值。

2.整合显性和隐性知识管理内容

显性知识和隐性知识管理同样重要,两者如何整合是重构知识管理流程的关键。首先,建立以技术为基础的显性知识管理系统,显性知识管理的效率在很大程度上取决于技术效率的高低,尤其是信息技术和服务技术,现代信息系统和管理系统的应用在一定程度上能够提高显性知识管理的效率,但必须辅助人力资本水平的提高,加强人员素质和业务水平的培训。其次,建立以激励和惩罚制度为基础的隐性知识管理体系,人会对激励和惩罚产生反应,从而产生知识创新行为。因此,在显性知识管理的基础上,建立以激励和惩罚制度为基础的隐性知识管理体系,激励图书馆员工进行知识创新和服务创新,在专业分工的基础上提高自身的管理和服务效率。第三,技术、制度有机结合,优化和重构业务流程,技术和制度是知识创新和管理的前提及保障,如何实现二者的完美结合是优化和重构业务流程的关键,应建立以技术为手段、以制度为保障、以人力为根本、以服务创新为目标的业务流程体系。

第二节　高校智慧图书馆服务现状及优化对策

一、高校智慧图书馆服务概述

(一)高校智慧图书馆服务的特点

高校智慧图书馆除了包括现实中的空间之外,还包括各种例如光电声、湿度温度、设施等环境因素,同时还囊括了网络中的一些虚拟的东西。例如,社交网站、交流的氛围以及阅读氛围等。智慧图书馆创建的原本目的是借助智能化的手段提供更好、更智能的服务。因此,它的根本目的是提供服务,以用户满意作为一些工作的出发点和落脚点。

智慧图书馆是新兴科技的成果,并且不断蓬勃发展自我丰富,高校智慧图书馆便由此应运而生。虚拟现实、人工智能、云计算、大数据技术、物联网、互联网等科技,是高校智慧图书馆蓬勃发展的技术支持。使用者能够打破时空的局限,将虚拟现实与空间阅读知识场景相结合,以获得视听触觉的阅读乐趣。智慧图书馆包括智慧网络、智慧资源、智慧家具、智慧建筑、智慧用户、智慧馆员、智慧治理、智慧服务等众多维度。

传统高校图书馆是人工提供服务,但高校智慧图书馆是以使用者为中心,利用"互联网＋"、移动计算、云计算、移动终端等信息处理科技,使用各种移动客户端、无线网把服务信息传达到学校的每个地方,让服务信息渗透到校园之中,使图书馆遍布在学校各个角落,实现移动图书馆自由移动。高校智慧图书馆具有跨越时空、便捷、泛在的特点。例如,参考文献资料的搜索可使用服务应用窗口,将存在于入口端的消息资料聚集起来再次加工、过滤、总结、分拣、存储,将存储于出口端的消息快捷、方便、安全地输送出来,使用者便能够搜索到相对更为齐全和专业化的参考文献资料。使用者利用图书馆不会被时间和空间所束缚,更不会有存储局限。然而,如今的智慧服务过程往往需要使用者安装包含不同服务的 App,而这不但提高了对移动服务终端设施的硬件要求,而且需要使用者清楚不同的运用模式。

高校智慧图书馆的运用重点包含短信、WAP 网站、App 客户端、微博、微信公众号、网站门户六种。此外,还包含支付宝、易信、豆瓣等其他公共服务平台。

高校图书馆的核心是网络门户系统,但除了网站门户,目前还有微信 App 服务,其因社交影响力大、用户数量大、开放性好的特点获得智慧图书馆服务行业的喜爱,由此看来,微信 App 服务将变成图书馆进行移动客户端服务的核心形式。高校图书馆中的 App 客户端是仅次于微信的移动服务模式。使用者在移动设施上安装图书馆 App 客户端,然后可利用办理的服务证上的密码和账号登录并使用图书馆的服务浏览器。App 客户端具有使用者体验良好、使用界面舒服、功能强大的特点,但同时需要面临较大的维护修理成本。

微博是现阶段流行的移动社交 App,提供生活信息共享、书籍和期刊推荐出版、图书馆状况咨询等服务。根据数据调查可知,约有 30% 的高校图书馆具有 WAP 服务,但是开通百分比较低。WAP 服务指的是使用者扫描二维码或利用手机设备浏览器进行阅读,通过使用WAP 科技研发的移动网站来体验图书馆有关流程。WAP 网站具有许多优秀的特点,例如它非常适合于手机上使用,尤其是其布局特别契合手机的大小以及分辨率,并且它需要的内存特别少,还可以帮助用户节省手机流量,只是现在高校图书馆已经少有使用 WAP 来获取移动服务的用户了,大概率是由于其主动性不强。

另外,为了让有视力障碍的人同时得到互联网中的信息,并且能够充分利用网上阅读的功能,需要高校图书馆来创造一些条件,如制造出一些插件或是一些便利于视障人士阅读的形式,提供无障碍服务。截至目前,只有少数图书馆拥有这种功能。

(二)高校智慧图书馆服务建设的目标

目前,"智慧"的理念已经家喻户晓,许多网络技术例如大数据、人工智能等,在我们的生活中出现得越来越多,而图书馆在这种技术思潮之下必然也需进行改造。这几年如何建设好智慧图书馆的课题慢慢被越来越多专业人士所关注,而且图书馆在提高我国国民素质方面也发挥着重要作用,因此建设智慧图书馆有着一个非常广阔的发展空间。不过以前大家的探究更多地是集中在具体的技术层面,如云计算技术、RFID 技术等,这使得研究内容单薄,强行追求新颖,没有对智慧图书馆的本质进行更进一步的思考。智慧图书馆服务研究进程仍在逐渐推进的过程中,现在我们的研究已经逐渐开始触及智慧图书馆建设的本质和核心,越来越多的图书馆把"以人为本"作为自己的服务理念。但这些研究目前来说还不够成熟,仍需要时间去发展,并且关于智慧图书馆还有很多问题需要我们去探索和解决。

(三)高校智慧图书馆服务建设的意义

高校图书馆也要适应新时代社会的发展,并且党的十九大明确提出要建设"智慧社会""智慧校园"。高校图书馆作为社会文化服务体系的有机组成部分,需要加快谋划,努力向智能化、智慧化方向转型,不断提升信息和知识服务的能力。

提高高校图书馆的服务质量和服务水平。近年来随着高校图书馆投资的增加,高校图书馆的馆藏资源不断丰富,但缺乏有效的集成和管理方式,特别是在信息爆炸式增长和用户多样化、信息需求个性化的背景下,高校图书馆更应该应用智慧的数据信息服务整合图书馆文献资源,为其丰富的资源优势以及学校科研和教育工作提供资源保证和智慧化服务。

智慧图书馆服务的建设不仅能使设备之间通过智慧图书馆实现立体互联,也能为大数据分析奠定基础,加强"互联网+"背景下个性化定制服务的产业结构链改革,优化用户阅读体验。智慧图书馆服务的建设依托图书馆技术和空间资源,为用户提供基于生态场景的智慧图书馆智慧服务,如匹配场景信息和个性化阅读习惯的多形式资源及馆内导航服务。

二、高校智慧图书馆服务建设中存在的问题

大数据和人工智能等技术为高校图书馆大量的、复杂的数据采集和分析提供了设备支持,使得目前高校图书馆服务效率低的状况得到改善。当然,在给高校图书馆带来了实现智慧服务的机会的同时,也对高校图书馆的发展提出了挑战。

为了适应时代的发展,高校图书馆不断壮大硬件规模,采购电子资源,扩大其馆藏资源并更新信息管理系统。尽管整个图书馆都在不断扩展和升级,但其服务能力并没有得到同等程度的提高。图书馆现有的系统无法跟上资源和服务需求的增长,一而再、再而三地建设和盲目建设,造成了图书馆利用率低下,信息系统复杂化,严重限制了图书馆知识服务和资源管理的发展和进步。

(一)高校智慧图书馆服务存在的问题

1.智慧借阅服务尚未全面开展

从智慧借阅服务的本质来说,数据本身并不产生价值,大数据也不产生价值,有价值的是对数据的整合、清洗、加工、分析,并最终应用到实际场景中,为馆员或者用户带来的增值服务。

尽管大部分高校图书馆都结合有关技术开通了自助借阅功能,但其中以超高频 RFID 标签为主要信息处理中心的图书馆占比较大,因为不同学校图书馆之间的标签类型不一致,以及 RFID 技术运用范围小、技术发展不成熟等问题,导致跨馆借阅功能带来的增值服务无法实现。结果表明,大部分图书馆在智能技术应用层面仍需要进一步完善和加强,手机借阅以及刷脸服务等仍需要进一步普及。

2.智慧学科服务层次仍需提升

图书馆作为各类资源的集合体,发展趋势应当体现在助研、助管、学科建设以及传承学校精神等方面;在发展目标上,应尽可能实现图书资源的均等化和公平化。但目前虽然已有部分高校开通了科研查新、学科索引、查重等功能,但整体覆盖比率仍然很低,有关总分管制、信息化、数字化制等服务并没有普遍性,进而表明了当下高校图书馆在智能、立体、可行性方面学科服务的建设程度较低,相应的技术引用与信息整合功能仍不够系统全面。

3.智慧个性化推荐服务开发程度较低

在硬件设施方面,目前绝大部分高校图书馆已经站在智慧图书馆的高度,然而在高级智慧应用方面,高校图书馆还并不能在已有基础设施的基础上达到智慧图书馆的要求。大部分高校在针对用户个性化服务方面仍处于较为浅显、落后的状态,个性化功能开发程度不高,推送效率以及内容质量不能与日益增长的用户需求相匹配。

第一,缺少用户属性收集分析。在用户使用图书馆的过程中,图书馆系统并未采集和鉴别用户的基本信息(如性别、年龄等)。此外,即使是有过借阅卡办理经历的用户,系统中所采集的信息也仅仅是最基本的姓名以及身份证号码等,并不能通过用户的阅读记录和服务使用记录采集爱好的信息,同时也缺乏采集用户生物信息如指纹、声音等的操作,这样会对后续的精准化服务造成阻碍。

第二,缺少挖掘用户数据。图书馆准入设备可以确定用户进入图书馆以及该用户的具体身份,然而却缺少对于用户进入图书馆之后的情况跟踪和记录。图书馆没有利用定位设备对用户在图书馆之中的总时间以及在某区域停留的时间进行跟踪,从而无法进一步得出用户使用高频时间段、浏览记录和浏览偏好等。如果没有这些信息,对于用户的潜在行为和爱好就无从推断,进而就无法根据客户喜好进行内容推送和精准服务。

第三,缺少精准推荐服务。现在智慧图书馆比较缺乏后期的推送服务,这主要是因为缺乏对不同属性客户行为的记录和分析。通过不同属性用户在图书馆之中的行为记录可以进一步分析出不同属性用户的偏好,如女生喜欢小说类图书、老年人偏好养生类书籍等信息。根据这样的信息,不仅可以针对不同属性的客户进行精准化推荐,增加用户黏性,还可为新用户提供精准的导向服务,让其迅速熟悉图书馆。

（二）高校智慧图书馆的服务资源有待丰富

1.资源发现形式不够丰富

根据问卷调查结果显示,大多数用户表示图书馆在资源的表现形式方面需加以完善。图书馆是一个不断生长的有机体,馆内的资源是其开展服务的基础,高校图书馆在长期的资源建设过程中,逐渐暴露出"买多建少"、重复建设资源等问题。现阶段,高校智慧图书馆蕴含着丰富的资源,不仅电子资源较多,纸质图书的种类和数量也十分多,只不过由于图书的存在形式与现在的社会主流形式相悖,用户无法或者不愿意获取此类形式的图书。馆内资源的内容和形式在智慧技术手段的不断引入下需进行不断的改变和革新,智慧图书馆应更为关注用户对资源服务的需求,最终以需要的资源形式呈现给用户。

2.资源的时效性和热点连接性需加强

在网络技术和数字技术飞速发展的时代,网络信息资源以其存取方便、易于获得、新颖准确等优点,使得读者们不再仅仅依靠图书馆而是利用网络资源来满足自己的信息需求。高校智慧图书馆资源建设的时效性和连接性由读者对于信息需求求新、求快的心理决定,读者希望能够得到现阶段有价值的包括网络信息在内的各种有效信息,对经过图书馆精心挑选和加工整合的与当前社会发生的时事新闻、热点资讯等信息提供提出快速、准确的要求,他们希望可以随时随地得到所需的资料内容。

（三）高校智慧图书馆信息交流服务、智慧服务设施提供不到位

1.用户间信息交流服务提供不到位

与用户交流是高校图书馆开展信息服务的基础,在当前信息环境下,高校图书馆应开展有效的用户交流,这是高校图书馆智慧服务建设的重要工作。

高校图书馆未提供读者用户之间进行信息交流的服务,虽然其在尽力加强与用户的互动,但只与少数到馆用户和重点用户进行真正的交流,用户的意见不能得到反映和处理。交流手段和途径的缺乏使交流服务收效甚微,久而久之,致使高校图书馆服务落后,无法满足用户需求。

2.智慧服务设施普及程度不高

大部分高校图书馆都提供智慧服务设施,包括多媒体设备、扫描仪、打印机以及复印机等。价值不菲的3D打印机是一种新型智慧服务设施,但只有少数高校图书馆已经将其投入使用,部分大学虽购买了3D打印机但还没有完全投入使用。同时,清华大学、北京大学等院校提供了新型服务,如图书馆3D导航、网上展厅以及全景VR等。通过调查,可以得知智能化设施创新服务在高校图书馆日益得到重视,但普及程度不高,多所高校图书馆在智能化创新技术设施方面都在加大投入,向智能化设施进一步发展。

(四)高校智慧馆员队伍亟须加强

1.智慧咨询服务形式多样,咨询馆员队伍亟待加强

随着智慧服务的进一步发展,对于参考咨询馆员的要求也越来越高,作为咨询服务的提供者,参考咨询馆员不仅要熟悉各种智能设备的使用,还要具备强大的数据挖掘和分析的能力,只有这样,参考咨询员所提供的咨询服务才能满足用户日益增长的需求。然而,目前我国高校图书馆参考咨询馆员队伍亟待加强,因此,培养和提高参考馆员的素质和能力已刻不容缓。

2.智慧图书馆服务以人为本意识淡薄

传统的图书馆作为储存纸质图书的物理空间,更倾向于一种物质形态的储存,馆员将图书按照一定顺序进行摆放,而用户则要根据需要在一排排实体图书中进行寻找,因此,用户在接受信息的过程中始终是被动的。当采用数字图书馆时,用户能够接收到多种形式的信息和资源,并且阅读的地点也不再受到限制,信息逐渐从被动接受变成了主动获取。当来到数字图书馆的时候,在机器人、VR 等技术的大力支持下,人们阅读的方式发生了翻天覆地的变化,他们可以感受到图书馆的存在,在视觉、听觉等方面都得到满足。

然而,现在的高校智慧图书馆还存在一定的不足之处,其中最明显的就是对"以人为本"的服务理念践行不到位,主要从以下两个方面体现:首先,就是忽略了用户参与度,智慧图书馆是建立在人与物互联的基础之上,实现的是用户在其中不仅仅是阅读用户,还是图书馆的管理者、建设者,现在社会上人们联系的方式越来越多,智慧图书馆却没有充分利用这个优势,构建出社交网络,对用户的影响非常有限。其次,现在智慧图书馆配备的馆员素质还有待提升,大多数馆员都达不到现代化馆员的要求,思想上还只认为自己是图书馆的管理者,并没有意识到用户体验感的重要性。不管是从用户的体验还是馆员的素质来说,都体现出智慧图书馆仍存在许多需要进一步优化的地方。

(五)智慧图书馆服务需要虚拟现实等技术来丰富

当前建设智慧图书馆的道路道阻且长,不仅物联网状态很难完成,还出现许多不足之处,如 RFID 无线射频技术作为智慧图书馆建设过渡阶段的感知标识,成本巨大,为许多资源量较大的图书馆或者小型的图书馆带去非常大的资金压力。与之功能类似的还有二维码、条形码等,这些感知标识和脸部特征、指纹以及声音一起组成底层物联网标识基础体系。目前,这样的标签传感器种类繁多,与 RFID 相比功能更多、能耗较低、成本也较低,然而即使拥有了这些设备,有些图书馆却不能通过统一标准将其进行连接,操作性并不高,因此在智慧图书馆的"万物互联"建设中仍需不断努力。

三、高校智慧图书馆服务优化对策

自 2017 年中国共产党召开"十九大"制定了"智慧社会"的努力方向,直至教育部召开的"教育信息化十三五规划",制定出"至 2020 年末高校需基本实现智慧校园"的发展定位,无不

推动着身为社会有机体重要组成部分的高校图书馆尽快确定其转变方向,即朝着智慧化服务目标进行转变,以此使得自身与国家宏观战略目标相适应。

智慧图书馆有效整合了技术、资源、服务、馆员和用户五大要素,打破了传统的图书馆服务模式,以智慧服务满足用户的需求。为实现对用户进行智慧化的准确推送,分析用户的行为和需求,理解其阅读偏好是必不可少的,智慧服务需要知识建模和披露,以及多源信息中知识和数据资源的集成。遵循创建智慧图书馆的概念,我们需要建设不同的服务平台来提供更多的智慧服务。我们要让拥抱新平台变得更容易,这样就可以与用户习惯进行无缝连接。

本书结合现下的新技术,全面了解用户需要,收集相关数据,提供出具有人性化的全新用户服务,使用户和图书馆之间形成智慧的交互,再建立出高效的智慧平台,提高用户使用体验感,同时也提高了用户的阅读效率,节省阅读成本,这就是智慧图书馆的最终发展目标。对于每一个单独的用户,都能够提供出个性化的服务,这就是新时代"智慧服务"的最大特点。

(一)智慧服务优化对策

1.高校图书馆智慧服务优化设计

就高校而言,建设智慧图书馆服务的目的是为全校师生提高智慧服务质量,对用户负责是提供该服务的关键所在,并提供满足用户需求的服务。由于近几年网络技术高速发展,通过连结互联网和移动技术可以增强网络服务的深度与层次,降低服务的时间。而且,由于移动设备的便捷性,需要普及智能移动终端设备。现在人们往往想通过便捷的、可移动的电子设备比如电脑、平板、手机以及电子阅读设备获取信息。而这些电子设备是便捷的、可移动的,所以不会受限于空间、时间,用户可以在任何时间、任何地点、任何方法查阅自己所需的信息和资料,真正实现信息获取的便捷性。因此可以构建图书馆 App,以便用户随时随地查阅资料,开发移动图书馆是未来图书馆发展的趋势。

智慧图书馆另一个比较突出的特点是可以随时随地提供服务,也就是所谓的泛在服务。这需要利用用户的智能移动终端设备突破界限,根据用户的个人特点为其提供个性化的推荐,最终拓宽智慧图书馆的服务方式以及服务领域。在智慧服务方式下通过物联网等各类信息技术、智能移动终端以及云计算,将数字图书馆和实体图书馆从给用户供以单个方向服务转变成给用户供以双重方向智慧服务网络的泛在服务。所以,智慧服务模式泛在化主要体现在开发以及研讨独立高校智慧 App 服务方面。

2.建立健全智慧推荐服务系统

建设智慧服务的根本目的在于提升用户智慧,智慧化的个性推荐服务系统,可以在有效地满足用户多样化服务需求的基础上提升用户体验感。随着可穿戴技术、红外检测、人脸识别以及 RFID 等技术的不断进步与完善,智能服务的个性化优势得以进一步发挥。图书馆应当对相关智能技术加以广泛运用,充分发挥大数据资源的价值与作用,坚守循序渐进、服务优先、智慧管理、数据决策的原则,从而打造以数据为驱动的个性化推荐服务系统,进一步提升个性化推荐服务水平。

同时,借助调查分析得出,高校图书馆目前的推荐服务和真正意义上的智慧图书馆服务之间仍旧有很长一段距离,为了更加深入地推进高校图书馆的智慧服务构建模式,本书给出了以下建议。

(1)智慧推荐服务仍需进一步优化。智慧推荐作为高校智慧图书馆服务当中的关键角色,应当得到足够的重视。如果只是提供新书推荐以及定制化的借阅排行服务,会使得用户埋没于信息海洋中,同时用户的个性化与快速增长的信息需求也会被忽视。因此,有必要利用智慧推荐技术,在综合考虑用户背景的基础上,为用户提供个性化的推荐。未来需要扩大图书推荐的比重,真正意义上的智慧推荐一定要围绕用户,综合考虑用户个性,仔细研究用户行为以及需求,借助于技术创建出用户核心模型,从而对用户偏好进行推断,并积极提供推荐服务。

(2)应当更加关注智慧推荐的新颖性以及多样性。从目前来看,推荐系统服务通常只是关注到了推荐的相似性,而非文献的多样性以及新颖性。根据相关文献可知,如果文献资源推荐系统所提供的论文均来自于同一作者,那么就算准确度相当高,也不一定能够符合用户的实际需要。而智慧化推荐系统,除了应当保证推荐精度以外,还能够做到对用户兴趣的拓宽。其任务不只局限于精准推荐,同时还应当拓宽用户的信息视野,为其提供符合个人兴趣的信息。所以,智慧推荐服务不仅要保证较高的准确性,还应考虑到新颖性以及多样性。

(3)高校图书馆除了要积极开展合作,同时也应不断提高其研发水平,尽可能地通过信息源丰富多样等优势,对用户的深度需求有进一步的认知;尽可能多地借助于高校师生信息,不断优化系统设计及提高研发水平,给用户带来更好的智慧推荐服务,建立和完善高校智慧图书馆服务模式,使高校图书馆的真正价值得以彰显。

为了上述目标的顺利实现,图书馆应当加大对大数据资源进行统一管理与收集的力度,进一步提升其大数据管理水平,积极收集用户访问浏览社交时的各类数据信息,以及用户下载记录、检索、借阅等服务数据。以此为基础,对语义 Web 工具用于执行进行详细的分析,取得使用者的行动模式、读书爱好,并获取用户的行为模式、阅读喜好、学历、职业、性别、年龄等基本信息,通过对用户进行行为测写,精确把控用户的行为特征及喜好,从而实现对用户需求的精确预测。另外,因用户特征数据存在动态变化及流动性等特征,用户主动参与对于增强大数据资源的实用性、准确性、价值密度以及整体数量等都有着积极作用。所以,在为用户优化和升级智能、个性化地推荐服务系统时,须根据针对用户需求的基本原则,提高用户对核心数据的使用、管理及采集时的可靠性与主动性。以现有数据为基础,结合参考历史数据,创建可控、科学、合理、安全的大数据发展规划,确保个性化智能推荐服务系统的推荐结果精确有效。与此同时,在发展个性化推荐服务的同时,应加强用户隐私的保护力度,确保信息安全。

(二)智慧图书馆资源服务优化对策

1.重视联盟合作,构建特色资源

面对当前信息无处不在的环境,独自建设图书馆的能力无法与现阶段资源的增长率相匹配。目前,图书馆的资源建设暴露出资源重复建设的问题,许多高校图书馆都在购买同样的资源,经费主要花在非创新资源建设方面,使得很难集中力量完善馆内的资源系统。在新的信息环境下,智慧图书馆必须依靠相互合作来改变各自为营的状况,整合彼此的资源、技术和人才,共建信息资源,形成互补的信息服务联盟,共同满足读者的信息需求。

当前,图书馆建设进入了瓶颈期,只注重整体资源而忽视资源特色。随着网络技术的发展,图书馆不再是读者获取信息的唯一渠道,图书馆作为信息来源的作用也在不断减弱。面对海量的信息资源,为了吸引读者,图书馆必须建设自己的馆藏资源和以服务为导向的特色资源。通过关注长期发展过程中积累的丰富文化资源,我们可以了解读者的需求,从专业领域、学科、类型、语言等方面形成图书馆特色资源体系,并在此基础上不断发展,丰富资源和服务。

2.打造基于用户需求驱动的微媒体服务平台

打造基于用户需求驱动的图书馆智慧服务是图书馆的宗旨。新图书馆系统除了为用户提供资源发现、全文阅读的基础服务外,还可通过用户荐购服务(PDA)满足用户个性化需求,实现精准服务。用户荐购服务是一个新兴产物,高校图书馆应根据本馆的实际情况,从小范围开始试用,再逐渐推广到更大的模块,分阶段、分层次实施,及时梳理总结实施过程中遇到的问题与经验。

由于用户需求和期望的改变,高校图书馆也应改进其服务模式,本书认为可开通电子图书在线阅读及线上图书试读的功能。电子书一经出现便以其方便存取、携带便捷的优势获得了用户的喜爱,成为文献出版和阅读的重要形式。目前高校用户荐购服务还没有得到足够重视,今后的发展方向可倾向于此。升级荐购服务,优化其操作环境,完善功能模块,丰富服务内容,加强用户荐购服务的智能化大数据分析能力,并基于此加强热门推荐、主题推荐、最新资讯等智能推荐功能,甚至可以加入相关期刊的荐购功能,提高用户对于资源的可获取性,以此带动用户的阅读热情。

形形色色的新媒体不断涌现,微电影、微博、微信等一系列的微服务不断抓住人们的眼球,人们感觉到自己来到了微时代。在 Web2.0 时代出现的微媒体已随处可见,它是由大量的独立发布点构造起来的网络传播结构。微媒体的狭义定义是,它是一项新兴的传播沟通和社交网络模式,主要包括信息共享和发布,以微博和微信为典型。微信同时具备使用方法通俗易懂、方便快捷、高时效性,以及精准推送消息、内容丰富多彩等一系列优点。

高校图书馆在新技术的使用和推广上发挥着积极作用,其始终保持着对于新技术的高敏锐度。与真正意义上的智慧服务相比,高校图书馆的微信服务还存在很大的提升空间,其微信服务方面的方法、内容、手段和策划都处于较低的早期水平,成熟度有待提高,高校图书馆要在微信公共平台的大力支撑下实施好微信智慧服务。其在微媒体这个大环境可以更好地增加高校图书馆的服务模式、服务内容以及所覆盖的范围,使不同用户对于各种要求取得更高的满意度。在不具备电脑终端上网能力、处于本地服务区之外的用户或者当图书馆处于休息状态的时候,高校图书馆就会在发送信息和咨询这些基础性服务功能中受限,这便是传统图书馆通常会面对的时间和地点受限问题。此时,通过使用微信公众服务,其面临的这些问题便可以得到很好的解决,可以让各个用户专门性地享受到智慧推荐服务,并且可以使得已经注册微信的用户随时随地得到基础性服务成为现实,以此构建具有现实意义的智慧服务模式。

（三）针对用户问题的优化对策

1. 使用和推广微信服务平台

微信公众平台不仅具有完善信息资源的展现方法，扩大服务渠道的优点，而且在提升用户与用户间的互动沟通服务方面也有很好的表现。微信被视为高校图书馆除微博以及别的社交软件以外的第二大自媒体软件是有必要的。和其余的一些社交途径相比，在高校图书馆的用户看来，微信公众服务的使用中能感受到其与用户之间一对一的良好沟通以及互动，因此微信用户的稳固性处于比较高的水平。微信公众一方面可以不断增多对此有兴趣的用户全面地了解、使用、关注高校图书馆；另一方面采取各种信息技术，可以提供给用户多样的图书资源推荐功能，这便让用户体验到特别的差异化服务，结果便是高校图书馆在用户心里所处的位置高度和自身的品牌意识实现了极大地增长提高。

从智慧图书馆微信服务来看，其应具备 RSS 定制服务一系列功能，以实现定期推送关于讲座的信息或者新书进行通报等服务能力。此外还需具备全部用户都适用的基础性服务功能，这囊括图书馆借阅查询和检索等各种功能。同时智慧化服务的实现也有必要性，比如实现对于不同用户差别化的特定推荐。在收集和评析不同用户的不同信息的基础上，使得设置微信留言、智慧咨询以及自动回复等一系列的服务功能成为现实，为用户推送用户需要的或能够吸引其关注的书籍信息，极大地提升用户对于服务需求方面多样化、可实施性的切身感受，实现图书馆和用户之间的沟通交流以及良性互动。而提供用户分享模块也有很大的优点，以社交网络媒体技术为平台，由用户对喜欢的书籍进行分享及评价，这能够大大提升图书馆的用户数量。高校图书馆要牢牢把握住该媒体的优越性，以此给自身带来与众不同和带有自身特点的微信智慧服务，使其屹立于大众用户心中的高水平位置不倒，给用户带来业务范围内的智慧服务，在现实意义上提升图书馆各方面的价值水平。

2. 增加经费来源，加大投入

近些年来，对高校图书馆的经费投入大都用于购买资源，使得高校图书馆的馆藏资源不断丰富，但同时各大高校图书馆却难以普及智能化设施，建设智慧高校图书馆的工作难以为继。政府应在建设高校智慧图书馆经费紧张的问题上予以重视，不仅要在政策上倾斜和支持，还要加大资金的投入力度，保障高校智慧图书馆发展的经费充足。高校所在的政府不能只顾发展经济，而忽略对文化发展的投入，使得地方经济与文化发展不同步。

当然，我们也可以借鉴发达国家高校图书馆多元化的经费来源，社会企业、公益组织、社会名流等都会资助高校图书馆事业。所以，政府也可呼吁社会企业、组织和个人等参与到高校智慧图书馆的建设中，加强对建设高校智慧图书馆的资金投入，使得高校图书馆的智能化设施得到普及，能够更好地服务于用户。

（四）建立馆员智慧服务平台

1.提升馆员智慧服务能力

智慧图书馆的核心便是馆员自身及其智慧。英国知名学者伊安约翰逊指出："智慧图书馆的建设只有依靠智慧馆员才能完成。"[①]智慧馆员指的是馆员既能够融入图书馆当前服务管理体系，又可以迅速了解并掌握相关智能技术知识，能够利用智能化工具帮助用户对知识进行集成加工、有效分析、深入发掘。提供专业服务以满足客户信息服务的需求，从而为用户提供智能化、独特化、情景化的知识增值服务。

可从以下几个方面提升图书馆馆员的智慧服务能力。

（1）适当提升馆员学历。建立智慧馆员资格考试机制，实现对智慧馆员智能技术运用能力、综合知识技能及服务能力的全方位考察，进而挑选出一批高水平、高素养的馆员，在此基础上对其进行强化训练，以此来提升智慧馆员的综合能力。

（2）定期开展馆员培训工作。可以通过论坛、讲座、宣传会等对馆员的数据挖掘能力及分析能力进行培养与提升。为有效提升馆员服务水平，需要馆员以主动服务来替代传统的被动服务。

（3）调整组织管理制度。基于组织结构的动态调整，确定图书馆员能力提升的目标。进一步加快学习型组织建设，积极转变服务理念。采用新的分级制度化管理模式，进一步提升智慧馆员的创造力。

按照该行业角度进行分析，由于大数据以及人工智能这一系列科学技术层出不穷，图书馆的用户变得对于深层次以及个性化的知识具有更加旺盛的需要，因此其为了能够在不断变化的社会体系里有比较好的市场前景，及时研发和采用新兴科技是不可缺少的方面。高校图书馆要专注于提高自己的活力，确定转变方面，以获取用户的肯定，从而体现出自己的价值，这便是高校图书馆智慧服务的发展方向。

智慧服务的智慧化，体现在从管理到图书馆馆员都是为了满足用户的需求与信息服务，图书馆员管理相关的资源获取、资源管理、系统监控、资源收集、用户服务、分析和决策被集成到一个新的系统中，以便统一操作，并集成了电子资源管理、链接解析器、云端和本地存储的数字资产管理以及纸质资源管理，使得图书馆馆员的操作更加方便高效，提高了智慧服务的管理效率。

2.打造基于智慧检索内容维度的服务平台

智慧服务"以人为本"的服务理念需靠智慧检索来完成。只有实现了智慧检索，智慧推荐才能够进一步实现。用户想要获得相关信息，首先就需要进行信息检索，智慧图书馆系统的功能之一就是使用户检索变得更加高效快捷方便，节省用户时间。和传统检索系统相比，智慧检索系统除了在用户检索时查找信息更加迅速、获取用户偏好信息，还能够在用户对检索结构进行相关处理后及时调整相关检索信息，并预测用户下一步操作，这一点是传统检索系统无法实

---

① 谭璐.智慧图书馆员胜任力的模型构建与提升途径研究[J].图书馆研究与工作,2019,176(02):42-47.

现的,也是智慧化的最好体现。传统的信息检索是在相似的基础上进行的,而智慧化检索的检索基础就是用户需求的实现。

通过智慧检索系统,用户能够直接获取到想要的相关信息,也就是说,系统已经提前过滤掉一部分垃圾信息,使用户在查询时耗费的时间更短、效率更高。大部分用户进入图书馆相关网站的目的是希望迅速找到自己想要的书籍,能够不用进行登录就能达到此目的。对于用户而言,最快获取信息的方法是不登录图书馆的网站。智慧检索的优点就是指向性强、目的性强,点击检索结果可以直接跳转到最终需要的页面。所以,一方面可以避免用户漫无目的地搜索,减少了大家检索的时间,加快了获取信息的速度,使得检索过程变得简单;另一方面也使得检索所得的结果变得更加精准。

任何涉及到的用户信息或者用户的行为都有一定的存在意义,可以根据现有的规定将这些信息转化为更高的价值。智慧图书馆能够记录用户行为,通过后台的数据分析与处理,可以了解大部分用户的喜好,从而在下一次登录的时候给以合适的推荐链接,让用户可以很快找到自己需要的信息,避免漫无目的的寻找、搜索。

就智慧图书馆的性质而言,它的定位并不是个体化推荐资源,而是通过掌握用户的检索信息与行为,从而进行分析与处理,将其转化为推荐的基础性资源,究其本质,它是一种信息挖掘。

现阶段,高校一般通过 OPAC 联机公共检索目录获得图书资源,用户据此查找自己所需要的资源,从而进行浏览工作。由此可见,高校的用户行为均基于 OPAC,它的质量决定了高校图书馆检索服务的质量。同理可知,智慧图书馆的进一步发展也是依靠 OPAC 的技术水平。用户检索信息的过程为:首先,利用 OPAC 系统进行直接搜索,通过 OPAC 直接在后台记录用户行为、用户的检索词等等。接着,后台会根据所记录的用户搜索记录从而构建相应的个性化模型,根据用户的检索行为,探索用户信息的深层价值。之后,根据用户的喜好预测他们下次将会检索的内容,从而合理推荐用户可能喜好或者感兴趣的内容。

智慧图书馆正是利用 OPAC 技术联系用户的检索过程和所需结果,从而将零散的信息转化为更有价值的信息,便于推荐他们喜欢的图书资源,从而减少用户检索的时间,更加准确定位用户的偏好,而且这个过程对于用户而言是新颖的,可以吸引用户。

(五)加强智能化技术的引进应用

1.高校智慧图书馆服务体系的架构

信息平台的构建是智慧图书馆多种功能实现的基础,在构建服务框架时,一方面需要将服务作为参考因素;另一方面也不能忽略智慧化在平台中的体现。所以,可在相关智慧图书馆建立的基础上,获取相关智慧图书馆建立的需求,在大数据技术、VR、云计算等技术的支持下构建智慧图书馆服务的基本框架,如图 3-1 所示。

智慧图书馆的基本体系由应用层、物联层、技术支撑、云计算、用户等构成。其中,物联层主要是由自助借阅机、移动终端 App、智能传感、RFID、查询式计算机、微媒体等部分组成,智慧图书馆的新书上架、图书指引等功能都是在物联层的基础上实现的。

传输层根据不同设备的感知需求,通过移动通信网络、光纤等线路收集相关数据并传输到云计算,具有安全、可靠、准确的特点。

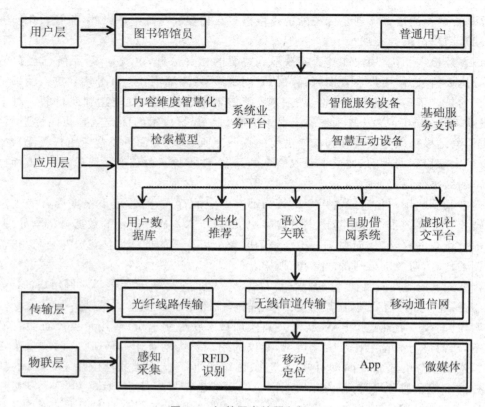

图 3-1　智慧图书馆服务框架

智慧图书馆最关键的组成部分就是云计算层,云计算具有资源集成功能,通过这一功能,能够将物联层采集传输过来的数据重新整理储存,并可以定期进行相应的维护。此外,云计算层还可以处理接收到的相关特征数据、用户行为数据以及用户交互数据,对这些数据进行统一的管理。对云计算收集到的相关数据进行处理后,就可以实现对图书馆的智慧化处理,可以实现的功能包括以下几方面。

(1)在模糊搜索的基础下实现精准查询;

(2)收集用户数据,构建大数据库;

(3)在感知图书位置的基础上实现智能定位功能;

(4)在交互的基础上分析出用户相关性,过滤掉协同资源;

(5)在用户浏览和相关操作的基础上总结出行为规律,并可以预测用户操作。

应用层最直接的功能就是实现用户和图书馆之间的交互。通过收集到的数据,构建用户数据库,图书管理员可以在数据库的帮助下更加高效方便地完成图书更新、上架等工作,使工作变得更加简单,耗时更短;个性化推荐系统则是在用户过去浏览、查询的相关数据基础上,预测用户可能会查询的书籍或者会采取的行动,向用户推荐相关图书;在语义关联的基础上,可以提高用户查询的效率,节省用户的查询时间;自主借阅系统一方面节省了用户时间,另一方面还减少了工作人员的工作量。只要用户信息管理系统能够管理用户权限,就可以防止用户信息的泄露,与此同时,还能够在用户行为的基础上分析出用户习惯偏好,提高用户学习体验感和学习效率。一方面,虚拟社交是交流区域;另一方面,它也是由微信等第三方社交上的用户组成的在线分享社区,用户可以随时分享自己的想法,实现实时沟通。

2.内容维度的智慧图书馆服务

由于信息时代的到来、网络的迅速发展,现阶段,高校智慧图书馆蕴含着丰富的资源,不仅电子资源较多,纸质图书的种类和数量也十分多,只不过由于图书的存在形式与现在的社会主流形式相悖,用户无法或者不愿意获取此类形式的图书。现阶段,大家都喜欢利用虚拟现实技术、裸眼 3D 以及全息投影技术观看或者体验图书,而不是仅仅观看纸质图书或者电子图书。

在构建内容维度的智慧图书馆服务时,第一,需要利用网络进行宣传,而网络可以根据用户的个人信息计算出用户的喜好,从而能够准确推送给用户合适的资料。高校智慧图书馆可以根据不同的用户提供不同的服务,用户在进入智慧图书馆首页的时候都将根据自己的喜好被分为不同的组别。第二,高校智慧图书馆的管理者可以根据不同的内容板块进行有区别的宣传,而且选择各种不同的宣传,也可尝试通过专家讲座进行宣传的方式,以此打开高校智慧图书馆的知名度。第三,也可以通过与其他数据库共同合作的方式,提升高校智慧图书馆的图书资源水平,将智慧图书馆里涉及人物介绍的通过链接与相关的图片、视频等相连,这样智慧图书馆的资源将更加丰富多彩,也更加能够吸引用户的参与。第四,也可以将智慧图书馆与虚拟技术相连接,从而增强用户看书时的体验。

3.智能化技术的引进应用

打造智慧图书馆服务,应以技术为支撑、智慧服务为目标。就高校图书馆智慧服务的开发而言,应当充分把握智能技术发展潮流,及时了解新技术发展状况,并根据图书馆的实际情况及发展规划,判断技术的适用性。与此同时,建立专业化的智能技术服务团队,实现新技术的快速引入以及旧技术的二次研发,确保智能技术能够为图书馆的稳定高效运营提供支持与帮助。借鉴参考国内外发展经验,在智慧城市、智慧校园的打造中加以应用,确保智慧图书馆在智慧化建设中能够占据主动地位,获得一定的发展空间。但是,在建设智慧服务时应用智能化技术也应格外关注以下几点。

(1)在创新技术时,应谨记以用户需求为核心进行利用。摒弃智能技术即为智慧图书馆的观念,杜绝因对技术的盲目推崇而忽视用户需求。

(2)在应用新技术的同时,应注意云安全的防护,同时提升知识产权保护力度。

(3)图书馆在落实新技术方面还需要不断强化对于用户技术的训练,从而使用户能够得到更加优质的服务。

第四章　高校图书馆智慧化学科服务体系构建

新时代,师生对知识和信息的要求更高,不论是在知识获取的成本上,还是在信息阅读的效率上,都需要有更优质的学科服务作为支撑。因此,高校图书馆作为高校的知识信息聚集地,应当对新时代师生的新需求有敏锐的感知,对提供智慧化服务的理念有清晰的认识,致力于打造全方位、多层次、多角度的智慧化学科服务,助力高校各项工作实现新突破,获得新发展,助推我国高等教育事业的稳步健康发展。本章研究的是高校图书馆智慧化学科服务,首先是高校图书馆学科化服务的理论阐释;其次是高校图书馆智慧化学科服务的发展与建设;最后是基于用户需求的高校图书馆智慧化学科服务模式构建。

第一节　高校图书馆学科化服务概述

一、高校图书馆学科化服务的内涵

(一)高校图书馆学科化服务的含义和特点

学科化服务区别于图书馆的传统服务,以用户需求为中心,以学科为导向,以学科馆员为核心,在学习、教研等方面主动地向用户提供个性化、专业化的学科信息服务。目前在国内有许多说法,比如"学科服务""学科知识服务"等,虽然侧重点都不尽相同,但是其本质都是一样的。中国科学院国家科学图书馆的李春旺在其《学科化服务模式研究》中提到,所谓学科化服务,即从学科、专业、项目等研究方向出发推行信息服务,这种工作方式取代了原来的以文献为主的工作流程,使信息服务朝着学科化而不是模块化发展,信息服务内容由简单的文献检索与传递向专业化、知识化的方向发展。大连理工大学图书馆的孙利娟在《高校图书馆开展学科化信息服务的思考》一文中认为,学科化信息服务是由用户需求目标驱动,直接参与用户的科研、决策程序,为用户提供各种信息解决方案。

与图书馆传统的服务相比较,如今高校图书馆的学科化服务发生了极大的变化,主要表现在以下三个方面。

第一,以用户需求为主的主动式学科化服务。如今,高校图书馆用户对图书馆的需求不仅仅局限于单一的文献借阅,学科馆员还需要通过跟用户的沟通,及时有效地帮助用户获取所需知识服务及解决方案;第二,以个性化、交互式为特征的动态学科化服务。通过学科化服务工具,学科化服务全面覆盖用户处理问题的完整流程,并就有关问题与用户进行实时沟通;第三,以学科知识服务为工作中心的信息保障和技术支持学科化服务。学科化服务也不是单纯地由学科馆员单一执行的工作,而是涵盖用户学习、教研等需求的全方位的信息支持与保障。

(二)高校图书馆学科化服务的目标

李春旺认为,学科化服务的主要目的是使信息服务的提供端由图书馆系统向用户端系统转移,由过去的第三方系统上升成为用户进行科学研究的重要组成部分,使信息服务的出发点和落脚点都以用户科研活动为主,通过加强学科馆员、技术人员与科研用户之间的合作交流关系,保证信息服务的可信度和专业度,进而提高图书馆在用户科研活动中的专业性和影响力。初景利认为,学科化服务是以用户为本,照顾用户的需求和利益,贴近用户的行为,集全馆之资源,走进用户的实体或虚拟社区,通过提供知识服务,为用户营造一个个性化、学术化的信息环境。徐璟等人认为,学科化服务是图书馆自上而下的系统工程,不仅需要提前规划服务和运行模式,而且需要图书馆所有部门共同参与。同时,这个过程也要求用户主动参与、积极互动,在对用户的需求和互动加以详细分析后,及时调整服务方向和策略,为用户的信息需求提供强力的信息支持和保障。

从学者们的概念表述中可得出,我国高校图书馆学科化服务的目标是:第一,以用户需求为主,并实现图书馆自身的可持续发展;第二,为学习、教研等活动提供强有力的信息支撑;第三,合理分配、管理学科资源,保持各项学科资源的平衡性。

(三)高校图书馆学科化服务的缘起

1.高校图书馆传统服务方式的转变

随着信息环境的变化,互联网技术的发展,以往传统的图书资源等文献的借阅量下降,以人工方式借阅图书被自动化所取代,图书馆作为知识和学术研究中心的地位对用户的吸引力越来越弱,图书馆传统的服务内容和服务方式已经远远无法满足如今用户的需求了。为了应对这些变化,图书馆开始积极创新改革,适应潮流的发展,寻找新的服务方式和内容。以图书馆强大的知识背景和雄厚的人才队伍为支撑,转变服务工作重心,以人为本,嵌入到各个学院的学科建设中去,适应用户新的需求,提高学科馆员的素质,促进图书馆在各个方面的功能拓展和创新改革,提升在用户心中的地位。

2."双一流"建设的需要

近年,国务院印发了《统筹推进世界一流大学和一流学科建设总体方案》等有关提升我国高校教育水平的政策和规划。如今学科建设已经越来越受重视,是各高校的核心竞争力,以各高效的特色学科为基础,发展建设高水平大学是将来高校建设的必经之路。这些规章制度指明了以后高校发展的途径是以人为本、以创新改革为发展战略、以绩效为评价标准,争取建立一批一流的大学和一流的学科。由此可看出,学科化建设与以后的高校建设息息相关,密不可分,是以后高校建设的发展重心和目标,而图书馆作为高校知识聚集的中心,承担着不可推卸的学科建设的责任。

（四）高校图书馆学科化服务的意义

1.促进高校学科建设

学科建设是建设研究型大学一切工作的重心。没有一所高校可以在所有学科上达到一流水平，但是一流的大学在某些学科上一定会达到一流的教研水平。当财力、人力有限时，进行创新突破，集中有限的人力和财力资源，也有可能创建一流的学科研究水平。高校的发展与学科项目的建设过程相辅相成，高校图书馆是用户获取文献信息的直接场所，是协助教学和科研活动的重要组织，同时也是开展学科化服务的研究机构。高校学科建设是体现其竞争力的重要指标，学科建设是高校建设中的核心，图书馆作为教学和科研的研究基地，进行改革创新、发展学科化服务是责无旁贷的任务。

2.拓展图书馆的服务

随着信息环境的不断改变，图书馆正向数字图书馆、移动图书馆的方向发展迈进，图书馆的服务方式和交流手段必然也会发生翻天覆地的革新。高校图书馆主要是在教学、科研、学习等方面对校内各学科用户进行专业服务，这些用户对专业的要求非常高，他们更希望从图书馆获得个性化、高专业性知识信息和解决方案。在这些背景下，高校图书馆学科化服务应运而生，它能很好地解决现今用户对图书馆的高要求，并能提高用户的知识信息获取能力，通过图书馆方便快捷地获取在教研和学习方面的信息帮助。

3.加强学科馆员队伍建设

任职上海财经大学副校长的丛树海教授提出："由于信息环境的改变，用户对图书馆的信息需求也随之变化，'图书馆是大学的心脏'，这句话是哈佛大学校长艾略特提出来的，但是目前通过对图书馆文献资源的借阅率和图书馆参考咨询业务的使用率进行调查，分析结果发现这些年的数据都在下降，信息传播媒介的数字化和网络化使得传统图书馆文献检索和交流功能受到挑战。"[①]用户对图书馆的功能需求已经不仅仅只是停留在单一的文献借阅方面，他们更希望能够不受时间、空间和地域的限制，及时、有效、快捷、方便地获取他们所需的知识服务和解决方案。因此，图书馆为了适应信息环境的变化，保证图书馆在高校学习、教研中的重要地位，必须抓住机遇，改革创新，大力发展学科化服务，满足用户不断变化的信息需求。高校图书馆通过收集、整理、归纳学科信息，分析学科情报来为用户提供信息解决方案，提高用户自身的信息获取能力和学科化服务平台运用能力。而且，随着对图书馆要求的提高，图书馆馆员的队伍建设也有了大幅度的提升。许多图书馆开始重视学科馆员队伍的建设，制定各种政策鼓励馆员去积极学习学科知识和专业技能，提高他们的自我综合素质，方便以后工作上与学科接轨的相关任务。高校图书馆从馆内挑选一些高素质、高能力的人才来担任学科馆员，并给他们创造许多条件来提高自己的能力，比如深入各院系进行专业学科的学习等，并且开展多种讲座

---

① 倪代川.文化与空间[M].上海:上海人民出版社,2018.

加强图书馆、情报学等专业知识的提升,与学科技术的发展潮流接轨,不停学习汲取新知识等。通过这种学习和交流能加强学科馆员在学科建设中的作用,促进教师的教学、学生的学习和科研人员的科研工作等,使他们的工作、学习等能够更方便地从图书馆获取服务,促进高校的发展。

二、高校图书馆学科化服务模式

学科化服务是高校图书馆为教学和科研提供的创新型服务。学科化服务没有既定的模式,各国图书馆可根据本国国情、本馆馆情采用相应的服务模式。但从目前国内外高校图书馆学科化服务的实践和发展来看,其服务模式可以大致概括为以下四种:基于服务形式的学科化服务;基于服务内容的学科化服务;基于组织方式的学科化服务;基于智能技术的学科化服务。

(一)基于服务形式的学科化服务

从服务形式来看,高校图书馆学科化服务主要包括以下六种。

1.学科馆员服务

学科馆员服务是高校图书馆对某一学科领域提供的专门服务形式。在国内,学科馆员服务有学科馆员—图情教授式、挂靠集中式、专职分散式和兼职分散式和混合式五种。

(1)学科馆员—图情教授式

学科馆员—图情教授服务是图书馆在馆内选择若干素质较高、具有相关学科背景的馆员作为各院系对口学科馆员,同时从学科和文献资源的角度在各院系聘请图书馆教师顾问(被称为"图情教授")负责和学科馆员联系,配合学科馆员进行工作开展的一切事宜,并提供本院的文献信息和学科动态,与学科馆员直接建立联系,实时进行信息交流,增加对图书馆文献资料的探究。尤其是重大文献购置时,要与学科图情教授进行商讨,询问意见。

例如,清华大学图书馆的学科馆员—图情教授服务,为与学科馆员的职责相似,该馆拟定了图情教授的工作职责:①资源建设。把握相关学科的文献资源建设及馆藏调整方向,提出参考意见,积极推动图书馆与院系合作购买文献信息资源;推荐优秀文献资源,对重要试用资源提出评价意见,或推荐其他专家进行评价。②建议与反馈。为图书馆的发展献计献策,及时反馈教师对图书馆的意见与建议。③指导学科服务。提供需要图书馆信息服务的重大课题情况和重点研究方向;与学科馆员密切联系,为开展学科化服务提供指导意见。④查新专家顾问。理工科图书馆顾问同时担任查新部学科专家顾问。

在该模式下,图情教授与学科馆员要相互配合,以学科馆员为主,图情教授辅助工作,在院系与图书馆之间搭建桥梁,方便相关的院系师生查阅资料,为顺利开展科研工作提供平台。这个模式有利于加强院系和图书馆的联系,在一定程度上帮助学科馆员补足专业短板。但也存在弊端,由于教授工作量大,难以抽出时间和精力来协助学科馆员工作,所以这一提议理论大于实际。

(2)挂靠集中式

挂靠集中式是针对不同院系,安排不同专业背景的学科馆员分工负责,按学科主动开展全方位的服务。

例如,南开高校图书馆 2012 年 10 月正式实行学科馆员制度,选取有专业知识背景和工作能力的资深馆员,任命为学科馆员。其主要职责是帮助院系和图书馆搭建信息沟通的桥梁,实现二者的信息联系和交流,主要为研究生及教师提供服务。南开大学在建立该制度时,将其分为初、中、高三个阶段:①资源调查、资源宣传、制度推出是初级工作目标;②资源导航、赴院系培训是中级阶段的主要工作目标;③跟踪服务、定题服务为高级工作目标。当下,南开大学图书馆实现了对 20 个院系进行有效衔接,分别由 9 位学科馆员负责。他们都来自参考咨询部,原工作都是从事文献传递、科技查新、参考咨询、馆际互借,即 9 位学科馆员是在参考咨询部人员的基础上建立起来的,不断强化自身业务能力,深化与院系建立深层次的合作与沟通,发挥咨询工作的优势,从被动变为主动。因此,学科馆员制度对于咨询服务具有极大的创新作用,开发出了一种深层次、高水平、研究型以及主动性的信息咨询服务。

(3)专职分散式

专职分散式,通过设立职业化的学科馆员,服务于图书馆各个业务部门,其模式与学科馆员的模式一致。实际上,学科分馆馆员不仅要确保常规业务的正常开展,还要全力以赴去推动分馆服务,在一定程度上扮演学科馆员的角色。因此,成立分馆有利于从业的学科馆员与院系的联系更加紧密,方便学科、院系进行各项工作。

例如,北京师范大学图书馆,该馆于 2003 年开始实施学科馆员制度,并经过不断的探索和实践,建立了分馆馆员与专职学科职员相结合的方式。在该模式下学科馆员的工作内容包括:①要对本学科资料室的服务、管理、资源建设等工作全权负责;②确保和学科带头人、院系负责人及时沟通,实时掌握和关注本学科资源出版情况、最新进展、发展动态。保证和图书馆总馆的交流,起到桥梁纽带的作用,建立比较完善的学科信息资源体系;③了解图书馆服务及资源动态,按照教师从业的专业领域,进行定期推介图书等服务,将服务方式多样化、人性化、创新化;④承担为院系所师生免费提供资源信息的工作;⑤建立用户培训,主要面向本学科教师,根据不同需求,进行多样化、多层次的用户教育和用户培训;⑥利用网络优势,建立学科资料室和分馆的网站,为本学科师生提供互动平台。

(4)兼职分散式

兼职分散式服务就是在流通阅览部、采访编目部、信息技术部、信息服务部等部门选择人员,而非组织专门的机构,学科馆员可以进行兼职服务。

该模式的优势在于:学科馆员可以由各业务部门的精英担任,选择既有经验又有学科专业背景和业务基础的人才,为用户提供全方位的服务。不足之处在于:学科馆员要忙于自身的业务,没有多余的时间和精力投身学科馆员工作中;而且选取的学科服务人员分布于各个部门,因人员分散,不利于培训和管理,难以进行有效的经验交流;在联系院系方面不具优势,学科馆员很难深入对口院系工作,院系对学科馆员的能力缺乏信任。

(5)混合式

混合式即指专职、兼职相结合的模式,主要是针对一些重要学科安置专门的学科馆员,确保他们有足够的精力和时间来做这项工作。但是,对于一些小学科,可以招聘一些兼职学科馆员,要根据实际情况,在保证本职工作之外还有时间的情况下,可以申请一个或几个院系或学科的馆员工作。

2000 年,武汉大学开始实行学科馆员制度,以各学院为单位,对口提供研究生、本科教师的信息的工作。目前,该馆有 17 名学科馆员,其中 5 名为专职,其余为兼职,主要分布于文科中心(3 人)、各分馆咨询部(5 人专职)、采编部(1 人)、信息服务中心(2 人)与部分院系资料室(5 人)。他们的职能是:①按照对口学科师生的要求,收集相关的文献信息;②开展切实有效的信息咨询服务;③通过图书馆这个平台,提供对口院系研究生、教师培训和指导;④构建学科网络导航,整理、鉴别、搜集相关学科的信息资源;⑤与对口院系勤交流,听取他们对图书馆服务工作和资源建设的要求与意见。较之其他服务形式,该模式具有较强的优势,能够与专业分馆、院系资料室紧密结合,以便于与院系交流、联系开展工作。

2.学科知识库服务

学科知识库的来源主要是有针对性地收集学科专题的纸质文献、相关领域的专家、互联网中资料、数据库数据等,然后将信息以知识单元进行存储,采取计算机的工作方式,对特定领域的知识进行管理、表达、存储,目的是让对口院校的师生可以迅速找到需要的信息来处理该领域的问题。因此,它方便用户对特定领域知识的查询,提高利用率,更具有针对性。通过建立学科专题知识库,重构知识储存系统,让无序变有序,让知识的交流和共享消除障碍,让使用者之间能够相互沟通与协作。对于图书馆而言,也能够更好地对用户知识进行管理,有利于图书馆的服务模式向自助式、个性化、网络化的服务方式发展,即满足用户、以用户为中心的服务模式。

学科知识库主要以 FAQ 问答的形式为主,在建设时常考虑以下几点。

(1)合理分类,层次清晰。用不同的学科主题对 FAQ 问题进行科学合理的归类有助于用户通过分类浏览快速找到所需资料,同时有助于从整体角度认识图书馆学科化服务工作。FAQ 问题的归类有利于用户使用,如以学科大类为分类,再细分成一般问题、学科资料查找、学术资源信息门户、常用学科名词术语等类别,而在这些类别下再细分若干小类,对于学科资料搜索,可以进一步分为期刊、图书、专利标准、学位论文等,不仅方便查找,而且层次清晰。

(2)提供浏览和检索相结合的查询方式。随着 FAQ 库中问题越来越多,只通过浏览查询问题会显得非常不方便,用户界面的友好性大为降低,若能够结合检索和浏览功能进行查询,按照关键词、分类等多渠道的检索方式,可以提高学科咨询的效率,也在一定程度上缓解了工作人员的压力。

(3)FAQ 库的建设体现学科化服务的特色和优势。针对学科的专业问题,要经过馆内外的相关专家或者资深的学科馆员进行解答,图书馆可以对问题进行筛选、归类,为下一步搭建丰富的学科知识库做准备。

3.学科知识推送服务

学科知识推送是个性化信息服务的一种主要形式。它是根据用户的学科分类,按用户提供的检索条件利用信息推送技术把信息自动送到用户面前,实现信息找读者。根据用户的兴趣推送相关的信息,致力于为高效用户打造个性化服务。因此,要结合用户的信息需求、知识结构、心理倾向以及行为方式等,有针对性地为用户打造优良的信息服务环境,支持定向化预订服务和信息,为用户搭建个人信息平台,推崇人本化、个性化、主动性的服务,为了进一步在数字资源上结合用户研究兴趣和专业特征,向用户推荐和提供教学科研相关的信息和资料,并且支持实时咨询服务。在图书馆馆藏资源及经加工的网络知识库中,为他们搜索、整理有针对性的文献,利用虚拟参考咨询平台的电子邮件、电子表单、IM 即时通信工具以及其他一些 Web 2.0 的网络技术工具,可进行非实时或实时的信息推送工作。将对相关学科的发展最有针对性、最前沿、最新颖的信息及时推送到相关人员的桌面上,保持信息更新的快速和稳定。

4. 学科信息导航服务

学科信息导航就是按照重点学科的用户要求,为他们提供相应的信息资源,并经过学科馆员对收集到的资源进行进一步描述、分类、有序和组织,传输到用户手中。这些收集的信息包括国内外各种科研动态、学术信息、综述信息,主要渠道有报纸、网站以及核心期刊。因此,要构建多层次、全方位、有序化的资源导航,并应用在图书馆网站首页,方便重点学科用户在第一时间内找到自己所需的文献信息。

目前,国内外有许多图书馆都将网络信息资源进行选择、整理、组织,为用户提供网络学科导航服务。网络学科导航服务主要有三种形式:学科信息资源动态报道、学科常用资源导航和专业学科资源导航数据库。其中:①学科信息资源动态报道是推荐性的导航服务,它不仅对报道的内容进行链接,还可以加上宣传介绍文字。②学科常用资源导航,选择的资源类型通常有国内外重要网络搜索引擎、学术期刊导航、大型图书馆网站、学术机构站点,如高校、研究所、著名公司等,尤其是与本馆学科服务密切相关的专业性网站。③专业学科资源导航数据库,是较深层次地对学科化资源进行搜索并有序化组织的信息产品,它将收集到的专业数据库分类组织链接,组成多层次的目录型指示数据库,很多大型学科导航数据库都配置检索引擎,可进行输入检索词或检索式并获取与之相匹配的检索结果。

5. 学科信息共享空间服务

目前的信息共享空间(Information Commons,IC)起源于 20 世纪 90 年代,是欧美一些知名大学中图书馆发起的助人形式信息结构。IC 是由很多人经过反复推敲构思的,将图书馆的服务与学习共同连接起来,让学生能够在短时间里查阅到自己所需的资料,将图书馆的资源与教学融为一体,为用户回归图书馆和拓展图书馆服务提供可能。

学科信息共享空间(Subject Information Commons,SIC)则以“将使用者的需求作为终极目标”的思想为指导,然后从各个专业开始逐一进展,将所有的难题逐个攻破,把图书馆中所有可用的资源都加以利用,给所有进入图书馆学习或者查找资料的人提供最好的服务,让他们感受到最人性化的图书馆一站式服务。除此之外,图书馆的管理人员也加入其中,力争将这个服务做到最优化。在这种服务中,SIC 不仅仅只是给予专业指导和提供各种人们所需的资源,还给人们多种选择去学习和研究,比如有不同专业的详细介绍、课题选择的优点、课程所遇到难题的解决方法、课堂的互动等各种各样的优选服务。

其实很多人可能不知道,学科馆员在 SIC 中扮演着什么样的角色,其实他们是 SIC 中最重要的组成部分,因为他们具有专业知识且对图书馆的业务十分熟悉,并将 SIC 视为一个工具,将各个高校的学习模式和科研过程放入其中,再将它们集中起来,给进入图书馆的人们提供全面的专业学习服务。学科馆员在 SIC 中的作用主要体现在以下五个方面。

一是交流解说。在 SIC 建立之初,学科馆员就开始了自己忙碌的工作,他们加入各个学科的发展中去,在各个不同的专业中盘桓,给师生解说学科信息共享空间服务的主要内容与作用,让他们提供自己所希望的建成目标。力争将它做得更好,给人们提供更好的信息服务。

二是各个专业的资料整合。学科馆员一般会使用"整合—优化"的构建形式将 SIC 做得更好,然后从不同的角度找出不一样的需求,这样就可以同时实现很多人的目标。除此之外,他们还可以从其他多个方面来对这些资料进行整理,然后再经过一些测试以及经济性、实用性来进行综合考虑,将它做到目前能够实现的最优化。与此同时,经过"独特性优化构建",落实到专业的研究单位、研究题目、参与研究的工作人员,然后让他们制定一份独具一格的专业资料,就可以让其在查找相关资料时能够更快更准确,以此来缩短查找资源的时间。此时,学科馆员的作用也极其重要,他们不仅仅只是管理图书馆的所有资料,还能够在知识书籍版权、查询借阅、学术管理和知识整合等方面发挥重要作用。

三是专业选择方向。学科馆员往往都是会把学术知识、专业资料、创新发现、开放获取、知识产权、学术管理等放进自己的服务范围内,然后把自己全身心投入到使用人员的体验当中,这样才能够及时发现并处理所出现的问题,让服务得到人们的喜欢。学科馆员的长处在于对知识的管理与整合并将其推荐给大众,除此之外,还可以将不同的专业结合起来,给人们不一样的体验,也给自己创造别具一格的管理方式。

四是科研管理与方向。学科馆员对学科的管理有属于自己的一种独到见解,给学科的研究指明方向,可以解决科研中出现的一些难题,还可以将科研的进程整理清楚,并且将它们制作成一个网页来进行指导,以便科研的顺利进行和定期发布科研成果。与此同时,也能够将相关资料整合得清楚透彻,给课题研究提供一定的理论依据,还能够在一定的时间内给教师和研究生提供一些培训和专业性的座谈会。

五是网络中的向导与计划。学科馆员对自己的服务对象需要更加了解,在 Web 2.0 的条件中,网络服务可以把学科馆员与使用者放在同一个区域,然后让他们相互沟通、交流与讨论。所学到的知识都能够很好地融入网络资源当中,这样就可以产生更全面、更透彻、更深奥的知识。

6.学科信息门户服务

学科信息门户(Subject Based Information Gateways)的出现,是对学科中专业和网络结合服务的一种信息肯定。门户是一种可以将资源快速搜索出来,自动推送更新知识的一种网络技术,可以把相互联系的知识结构连接起来。学科信息门户更加仔细,且专业化,可以有效地把专业的知识体系一一呈现出来,并且根据它们的特点进行更加详细的分类与介绍,方便用户在查找相关资料时能够更迅速且准确。普遍来讲,学科信息门户其实就是科学与网络的一种高端结合,是专业知识的一种网络服务,一种搜索引擎,一旦人们能够进入其中,就可以在某个专业中懂得更多的知识,也更能够全面掌握此学科的发展与进程。除此之外,它还是学科馆员和使用者之间联系的一个平台。使用者在这个系统中使用资源时如果遇到问题,可以及时反馈给学科馆员,以得到更好的使用体验。

在当前的互联网中,想要得到更多人的使用和喜爱,就必须有足够优秀的系统,才能够吸引使用者的眼球。首先要做到的是将大量的资源进行一个系统的筛选,力争做到资源系统最优,能够从多方面解决使用者的需求。在现在的信息网中,学科信息门户里的网络导航、专业引擎、信息资源指引库等都在进一步发展。学科信息门户服务具有以下特点。

（1）跨系统一站式检索。使用者打开一个可以搜索的页面，然后在其中输入自己想要查找的资料，能够将资料库的知识调取出来，实现在多个系统中同时获取有关资源，然后系统把它们整合出来推送给使用者，让使用者可以迅速查到自己想要的资料。用户不需要分别进入各个本地的或远程的检索系统来进行检索。

（2）信息和应用的集成整合。信息的检索不可以直接推送给使用者，因为它们往往是很多且杂乱无章的，所以需要将信息进行一定的技术处理，将最核心的所有内容都推送出来，除去无关紧要的信息。

（3）收录的资源专业化。有很多专业的资源是难以查询的，比如，科研数据资料、信息的专利申请情况、专题报道资源、学术讲座、参与科研人员、使用资料、科研方向以及同方向专家的微博、个人信息等资料，它的存在整理了不同来源和不同格式的信息与资源。

（4）推行的服务个性化。网络信息的资源不仅仅需要最真实的专业知识，还需要有引人注目的页面设计，比如，信息与资源的推送环节、独特的标题、互动窗口所处位置、真实案例的探究、最新研究介绍、热门发表等。还可以依据使用者平时的浏览历史来给他们推荐相关文件，也可以根据他们填写的资料来给他们提供信息资源。

（5）参与的人员学科化。在很多的学科信息门户中，使用者当中本来就有许多专业人士，并且详细了解自己所在领域的专业知识，如果他们加入这个网络知识结构并进行创建，那么信息资源的使用将会得到更多人的青睐。

（二）基于服务内容的学科化服务

国内外高校图书馆学科化服务的内容因具体情况的差异而有所不同，但从总体上来说，主要包括以下几个方面。

1. 学科资源建设

高质量的学科文献信息资源不仅为教学科研与学科建设提供了强有力的保障，同时又能促进图书馆进行高效学科服务。选择优质的学科信息资源并对其进行平均化分配，是建设文献信息资源的核心所在。学科资源建设的要求较高，它既需要专业化又要知识化，这是传统文献类型组织资源所不能达到的，目前学科专业组织资源建设的大趋势是学科化。

高校图书馆学科资源建设是其资源建设工作按学科专业来划分的模式。从学科馆员在资源建设中的角色表现与参与方式来看，目前图书馆学科化资源建设可分为以下三种。

第一，传递式。负责收集读者资源信息和学科联络工作的便是学科馆员，他们需要将这些信息传递给采访部门。在建设资源的过程中，学科馆员主要是将资源联络起来，进行传递。我国目前很多图书馆都采取这一类型。

第二，介入式。学科馆员既要负责传递院系读者的需求，又要采选一部分文献资源，并拥有一定的采选决策权。比如清华大学图书馆学科馆员，其主要承担采选外文纸质图书的任务。

第三，主导式。指的是学科馆员主导对应学科的资源，担负统筹学科资源的重要任务，大多数还做着资源遴选的工作。美国大多数高校图书馆的学科资源建设与该类型一样，中国港台地区的某些图书馆与美国图书馆的做法相类似。例如，学科馆员组成的香港高校图书馆的馆藏发展部（Collection Development），承担采选对口学科资源的任务。

从上述可以看出，学科馆员主导的学科资源建设是高校图书馆学科资源建设的发展趋势。为了保障学科资源建设的科学性和满足率，促进学科资源建设与学科服务的有机融合，高校图书馆在以学科馆员为主导的学科资源建设中，需将院系读者、采访馆员、学科馆员之间的关系进行明确，并准确定位角色，将其价值充分发挥。

（1）学科馆员的主导性

学科馆员的主导性表现在以下几点。

①学科馆员既是学科资源建设政策的制定者又是规划者，学科馆员整体规划多种文献信息资源，并制定馆藏发展的具体政策，使对口学科资源的布局逐步得以完善。

②学科资源建设需求与资源出版的调研者是学科馆员。一方面，学科馆员和院系师生的联系比较紧密，应对对口学科的课程设置、建设动态等信息及时掌握，另外还能将师生对对应文献资源的需求准确把握；另一方面，对口学科有自己的发展趋势，由学科馆员负责把握，同时他们还联系数据库和书商，紧跟资源出版的最新动态，以便于提升资源显性与潜在需求和资源供应的契合程度。

③各个学科采选资源的主导者是学科馆员，在该项工作中其主要负责统筹责任和采选。由学科馆员全权负责的内容有调研、评价、选定外文图书，另外还有数据库、学科期刊的购买。如果中文图书的采选工作量大，则会根据不同学科馆员的职位与学科的性质，具体安排不同的任务，主要为采选、协助采选、订单审核。许多有采选业务联系的学科馆员会和固定责任人一起对综合性数据库进行调研评估，而后采访馆员负责的工作是关于资源采购的事务环节。

④学科馆员对馆藏学科资源具有重要的主导作用，包括对其进行评价和维护。学科馆员理应研究现有的学科资源馆藏体系，并进行合理评估，寻找薄弱环节，注重馆藏特色，查漏补缺，使馆藏结构不断得以优化。例如，面对新课程、新学位点，及时购置代表性作品与参考书等，为学科建设提供资源保障。

⑤学科馆员大力推广、整合学科资源，不仅承担着深入研究馆藏学科资源的主要责任，还负责采集、评估开放的学科领域资源。通过平台揭示，包括的系统有学科门户和学科资源导航等，为帮助读者提高工作效率，应进行大力推广和宣传。

（2）采访馆员的合作性

在资源建设中，主导者为学科馆员，其中在采购业务环节发挥主要作用的是采访馆员。通常情况下，学科馆员不负责学科资源的采选工作，主要负责集中发送订单、定期统计、验收、查漏补缺，按学科分发图书馆自动系统、接收书目征订等工作，而组织、协调采访业务的是其部门负责人。根据不同学科、不同类型的资源进行合理布局和经费分配，主要是为了扩大采购渠道，控制支出，分发目录，组织馆藏结构等。

（3）院系读者的参与性

在资源建设中，读者仍然起到重要作用。学科馆员在制定购书方案和资源政策时，应该充分争取院系师生的建议，通过反复、多次沟通与交流最终达成一致，以确保资源购置原则的一致性。在进行资源采选的时候，为让院系师生参与其中，可给院系师生发送电子书目，或推荐网络采购。处理读者意见时要看其是否能引起大众注意，根据具体情况来处理。读者荐购书其实起到了不小作用，因此可合理、充分发挥其价值，拓展资源建设的深度，加大资源建设的广度,让两者更加科学化,同时可在图书馆与读者朋友之间搭建良好的平台。

2.学科信息素养教育

信息素养教育服务包括信息素养课程设计、参与课堂教学等,而提供信息素养教育则是学科馆员很重要的一项工作。学科馆员与院系师生联系密切,经常走到院系中对如何在专业课程中融入信息教育等问题进行探讨,甚至有些专业课教师与学科馆员共同参与课程设计。随着教育的发展,高校图书馆学科馆员的岗位职责也在发生着改变,比如需要积极参与学科教学。

当下,走在信息素养教育前端的国家有美国、英国、澳大利亚等高校图书馆,信息素养教育被不少高校选入课堂教学。同时,高校与教师就关于学科专业课程的信息素养教育模式进行深入探讨,逐渐向学科信息素养整合教育的方向发展。学科信息素养整合教育是指以学生为中心,学科教师与图书馆员协同合作,在学科教学全过程中融入信息素养教育,其中包括内容、结构和结论,学科馆员与学习者共同创设的学习环境,能够调动学生积极性与主动性的发挥,构建用所学知识解决现实问题的教育模式。处在此类教育模式中的学生,是主动构建和运用知识的人。指导、组织教学过程的是教师与图书馆员,又是进行意义构建的帮助者,并逐步取代教师的教学内容。

学生在这种教育模式下,不仅仅可以掌握专业知识,还能培养终身学习的能力。这种教育模式包括两种方式:①教师的信息技能由学科馆员培训,教师将学到的知识与课程进行有机融合,这样一来,学生既可以学到专业知识,又能提升信息素质;②学科馆员与教师结合起来给学生传授知识,各自分工不同,对于信息的检索、评价等技能的介绍由学科馆员负责,对于学科研究有关的方法与技能由教师进行传授,学科馆员与教师合作的信息素养教育等同于嵌入式信息素养教育,两者结合起来,可实现学生在学习和研究过程中接收信息素养教育内容。国外的学科信息素养教育发展时间较为长久,几十年中逐渐经历了从非正式发展成正式、从部分发展到全部、从间断发展到连续这几个过程。当然,它们之间有着某种相同的特性,这些特征可整合为六种模式:导入模式、基础教育模式、学习效果模式、信息素养课程模式、院系中心模式和需求模式。

导入模式主要是传授基本和通识知识,面对的是交换生、新生,教师和图书馆员都能主动参与。基础教育模式既能帮助图书馆员与教师负责信息素养教育,又能将学习质量或效果融入整个学习过程之中,或将其整合到基础课程的目标中,为将来两者的合作奠定坚实基础。将信息素养从传统书目指导中分离出来的是信息素养课程模式,其中图书馆员或教师提供信息资源,将专业与信息课程结合起来,在学分课程中添加信息素养教育。仅由图书馆员培训信息素养的方式被教师中心模式所改变,该模式以课程为基础,教师主导,激励学生积极参与,有利于培养学生终身的学习态度和技巧。如果和其他模式有机结合,获取进行信息素养教育的方法与工具,将会取得更好的效果。

3.参考咨询服务

参考咨询服务是高校图书馆工作中一项十分重要的工作。在网络化、数字化的信息状态下,凭借图书馆丰富的馆藏资源以及网络资源,根据网络用户的需求,由专业的图书馆工作人员搜集、整理、加工这些资源,采用 E-mail 和在线问答的形式将信息反馈给用户。

在网络技术与信息科学飞速发展和数字化信息资源与日俱增的今天,参考咨询工作的咨询环境、咨询模式和咨询工具等都发生了巨大的变化,图书馆接受咨询问题与解答咨询问题的方式从面对面的传统咨询方式扩展到网上咨询服务。有别于传统参考咨询的"一对一"服务,新的服务策略将为用户提供有价值、实效性、针对性更强的图书馆参考咨询服务。于是,实时咨询、在线咨询、可视咨询、互动咨询等方式纷纷涌现,为用户提供网络时代实时、高效、便捷的服务。其中,合作参考咨询的出现大大提高了咨询服务的质量,对传统参考咨询服务而言是一个质的飞跃。

合作参考咨询服务是由多个图书馆或情报咨询机构建立协作关系,充分利用各自的信息资源特色和人才优势,为用户提供全天候的数字参考咨询服务。其优势在于:①它不仅能够改善图书馆专业咨询人员不足的状况,而且可以把学科馆员从烦琐的咨询服务中解脱出来;②这种虚拟参考咨询服务不受时间、空间限制,具有实时性、开放性、广泛性和公益性,能够使读者及时得到自己想要的答案;③它能以统一的标准为用户提供咨询服务,减少咨询答案不完整、不统一、出错的现象。目前,我国已初步建立了几个合作参考咨询系统,主要包括网上联合知识导航站、联合参考咨询与文献传递网和 CAUS 虚拟参考咨询服务系统(CVRS)等。数字图书馆的虚拟参考咨询服务突破了传统参考咨询服务时间和空间的限制,人们可在任何时间、任何地点获取信息,是一个灵活的个性化的信息服务和信息获取方式。该服务实现了用户与学科、专家的连接,具有交互式、问答式、灵活性等特点。

第二节 高校图书馆智慧化学科服务的发展与建设

一、智慧化学科服务建设的必要性

智慧图书馆以提供泛在智慧服务为主,是继数字图书馆、复合图书馆后图书馆发展的一个更高级的形态。它依托传感器、云计算等技术,实现图书流、人员流、物流和信息流的充分流动,保证书、人与人、书与人的互通互联,以用户为中心,提供全方位的泛在智慧服务。作为信息资源管理中心的图书馆,有着充分的资源优势,在应用智慧化技术的基础上,实现图书馆的泛在智慧服务。

信息化与数据资源环境的变化,使得各类科研要素(包括数据、文献、硬件设施、机构、人员等)日益走向信息化和数字化。一方面,数字化的数据海量涌现,可视化工具的出现使得数据的挖掘、模拟、仿真与试验成为现实,科研本身在悄悄地发生变化;另一方面,数字网络技术的发展,使得科研人员获取知识与数据的方式也发生了巨大的变化,各种公开网站、开放获取平台等方式,使得研究者的自我驱动与自我组织能力不断增强,兴趣与问题驱动式学习促进了创造性地修正、回答与解决问题,进而构建新的知识体系。

面对大数据环境,高校的学科服务也要进一步改进、完善。它不仅需要有效组织数字知识资源环境、灵活组织各类信息资源体系,支持用户进行知识挖掘、计算、试验与评估,而且需要馆员对信息资源结构与规律深度理解,熟练应用数据挖掘与分析工具,以专业的学科信息资源分析专家的身份,协助学科服务对象,构建智慧化学科服务体系。

学科服务的内容,最初主要是馆藏建设与发展、学科联络,现在则是强化与专业学习、科研、教学紧密相连的用户信息素养教育。近几年来,随着出版业数字化、信息服务网络化、学术交流虚拟化的发展越来越快,高校图书馆的学科服务面临的挑战和机遇也越来越多。

(一)有助于开拓图书馆新业务

大数据环境带来了网络数据技术的快速发展,给图书馆也带来了冲击,促发图书馆的转型与变革。数字图书馆的建设、开放获取平台开始成为主流,移动用户数量的快速增加,都使得高校图书馆的嵌入式服务模式不断深入推进。北京大学图书馆强调"融入教学、嵌入科研",初景利教授更是提出八个方面的"嵌入",包括目标嵌入、功能嵌入、流程嵌入、系统嵌入、时空嵌入、能力嵌入、情感嵌入和协同嵌入。

学科服务成为图书馆今后最为重要的发展方向,涉及参考咨询服务、专题信息服务、信息素养教育服务、教学支撑服务、知识发现情报分析服务、知识产权信息服务、知识资产管理服务、数字学术服务、科学数据服务和学科知识服务工具的利用等。图书馆的服务已经不再以传统的书本资源借阅作为主业,开始从"图书资源中介"走向"教学科研合作伙伴"。借助资源导航、信息检索、数据利用与处理工具、大型数据库等方式,高校图书馆的服务内容从传统的文献信息服务转向数字知识服务,提供更多的情报分析与知识发现,强调数据素养教育与创新挖掘能力的提升,服务深度不断增强,重视个性化服务和基于科学研究的服务。

(二)有助于满足用户的潜在需求

图书馆服务的受众群体是用户,对用户需求的了解和把握是满足用户需求的重要前提。学科服务的创新建设,激励学科馆员深入院系基层和科研一线,通过不断的互动与合作,直接观察与引导用户需求。从学科服务角度而言,学科馆员只有深入用户的科研与教学过程,才能真正体现图书馆员的价值与作用,学科服务的效果才能与用户需求保持一致。

学科馆员参与科研项目的整个过程,可以了解科研工作者对与信息资源相关的特定研究需求,尤其是数据资源的获取。学科馆员可以利用自己的信息数据专长,通过协同合作,帮助科研工作者获得基金。在不断的合作过程中,可以根据科研需求衍生出新的用户服务,满足用户的潜在需求。

(三)有助于加快图书馆转型

传统图书馆以文献服务和信息服务为基础,而在大数据环境下,知识的产生、存储与使用均发生了巨大的变化。科学研究的学科跨度越来越大,越来越多的知识以数字形式存在,高校图书馆提供的文献数据库已经不能完全满足用户的需求;同时,用户获取科研知识的途径与方式越来越多样化,Google 搜索、百度搜索等各种各样的方式已人人皆知,并且可以对知识进行组织、分析、重组与推送。知识服务时代的到来,极大地推动了图书馆转型。

学科馆员进行学科服务,通过融入学生的学习环境、教师的教学环境和科研人员的科研环境,帮助他们解决学习、教学与科研中出现的问题,发现其中隐含的知识或模式,以实现服务的升级与更新。2003 年起,中国科学院国家科学图书馆实施"资源到所,服务到人"策略,2006 年实施"融入一线,嵌入过程"的方针,建设专职学科馆员团队,深入科研一线,提供到所、到组、到人的信息服务、知识服务。2013 年,北京大学图书馆借助机构调整,建立学科资源建设与学科服务双轨制的学科馆员组织模式,由学科资源建设团队(学科采访馆员)和学科服务馆员团队组成;学科资源建设通过选择和购买文献资源支撑学校的教学、科研、学习和管理,学科化服务则以个性化、针对性强的服务满足读者的学习与科研需求。

目前,很多高校图书馆都开始注重学科服务创新,建设智慧化学科服务体系,但也仅仅说明知识服务取得了一定的进展,现实中仍存在很多问题需要解决与克服。随着学科服务的创新越来越深入,当图书馆的各个层面、各个环节都具有了这种观念与意识并做出相应调整与改变,图书馆的资源越来越得到数字化和网络化的加工、开发与利用,那么图书馆的转型就实现了。

二、智慧化学科服务的内涵特征

随着大数据对社会各方面的影响不断深入,用户信息行为与科学研究环境出现很多新变化,实体图书馆作为文献信息媒介的作用不断弱化,图书馆不再是用户获取科研数据库的唯一途径。仅仅以沟通联络为特征的学科服务已经无法满足大数据环境下科研教学需求,智慧化学科服务由此产生。

有的研究将学科服务在大数据时代的发展称为"嵌入式学科服务"或"泛在化学科服务"。本书认为,智慧化学科服务是大数据环境下高校图书馆的发展方向与重点,是图书馆服务面向网络时代和大数据环境的业务转型与升级,是智能化技术、图书馆业务与学科馆员智慧结合的产物,是图书馆服务发展的必然选择和发展趋势。它要求图书馆使用数字化、网络化、智能化的信息科学技术与手段,将图书馆的信息资源进行互通互联,为读者用户提供更加高效和便捷的服务;要求图书馆建立专业化、个性化的服务链条,提供精准、到位的集成知识资源;要求学科馆员充分利用信息知识和工具,帮助用户挖掘、组织海量信息的潜在规律,嵌入科研过程提供知识增值服务。简而言之,智慧化学科服务就是"智能化技术+学科馆员智慧+图书馆业务与管理"的总和。智慧化学科服务的主要特征有以下几点。

(一)知识共享化

建立在智能化基础上的学科服务,使用互联网技术将图书馆相互分割与独立的资料文献进行加工整理,实现读者用户与数据平台的相互智能连接,实现知识信息共享。智慧化学科服务可为读者用户提供全方位和一体化服务,通过知识与管理共享平台,解决读者各种各样的问题,同时为读者查找数据资源节约更多的时间,提供更加便捷的优质服务。

(二)需求个性化

每个研究个体的研究领域都不尽相同,其对文献调查梳理和学科前沿、发展动态的需求有区别化的差异,这就要求学科馆员针对每一个用户对文献、资源数据的需求提供个性化、差异化的学科服务。科研教学用户的需求不是基于图书馆现有资源的存在,而是针对自身的特色化需求要求学科馆员提供个性化服务。

(三)服务精准化

面对浩如烟海的数据资源与信息,如何快速、准确地查找到文献资源和得到指导服务,是衡量现代高校图书馆服务质量的重要标志。智慧化学科服务就是借助智能技术,建立更加灵敏的管理与反馈机制、更加智能的信息数据系统以及更加完善的服务与科研跟踪体系,为科研与教学用户提供更加精准的服务。

(四)渠道多元化

智能化学科服务重视人性化和人文关怀,强调对用户提供的服务及其服务效果,秉持"用户在哪里、服务就在哪里"的工作态度,为科研教学用户提供了多元化服务渠道。他们可以到馆进行咨询、培训或提供需求,也可以在线或在网络平台上进行信息资源的获取与数据处理指导,学科馆员也可以深入教学与科研一线进行专门化与针对性服务,让图书馆用户能够在每时每刻享受到智慧化学科服务带来的便利性。

三、智慧化学科服务建设的主要内容

智慧化学科服务强调以人为本,强调从科研用户的需求出发,进行服务内容与服务方式的规划调整与设计,借助资源、工具、方法、专业知识等软硬件设施,提供高质量的信息化学科服务。科研与教学用户提供的学科内服务主要包括:基于资源搜索与使用的参考咨询服务;基于数据获取与处理的数据素养服务;基于文献信息与数据的学科支撑服务;基于数据挖掘与分析的决策支持服务;基于数据服务与反馈的个性化服务等。

(一)基于资源搜索与使用的参考咨询服务

大数据具有开放性、跨界连接性和易获得性,大数据挖掘和分析,可为图书馆参考咨询服务提供一定的参考和良好的预测依据。在大数据环境下,紧跟教学科研需要,借助大数据分析技术(包括机器自学习分析、数据挖掘、统计分析),有效了解科研教学用户的数据信息需求及存在的问题,及时解答相关问题并提供最优化的数据利用解决方案。

(二)基于数据获取与处理的数据素养服务

大数据时代使得数据不再仅仅是最终目的和结果,数据价值主要在于它的使用,而非占有数据。为此,在大数据时代,学科馆员应努力帮助用户提供基于数据获取与处理的数据素养服务,帮助高校师生用户挖掘数据的潜在价值,提高数据的利用效率。数据素养服务主要体现在数据解读、数据管理、数据利用、数据评价等方面,强调对数据的操作和使用;另外,还包括数据的伦理道德修养、数据存取等。学科馆员要具有高效发现、评估与使用信息和数据的意识与能力。

(三)基于文献信息与数据的学科支撑服务

在大数据时代,随着数字图书馆的普及,高校图书馆借助学校网络、数据服务商等的网络技术优势和电子资源优势,开始向用户提供越来越多的资源与信息。但要想真正对学校的教学与科研机构提供定位准确的信息资源,必须要创新服务内容与模式,充分利用现代信息技术和学科馆员的专业素质对图书馆的服务进行提升与拓展。大数据时代的智慧化学科支持服务就是高校图书馆根据学科教学与科研计划、安排,有组织地帮助教师、学生和科研人员改善与提升教学、学习、科研过程,旨在实现教学、科研目标及世界一流学科建设。

(四)基于数据挖掘与分析的决策支持服务

在大数据时代,科研数据成果的统计与整理,对学校的学科建设与发展起到至关重要的作用。进行学校的资源配置和发展方向决策时,需要大量信息分析和知识服务。高校图书馆的决策支持服务,是以管理部门的需求为目标驱动,以图书馆丰富的文献资源、数据资源为基础,图书馆员利用专业的文献搜集技能和情报分析方法,对多渠道信息进行筛选归纳、数据统计、综合分析,形成系统的决策知识产品,供管理决策者在短时间内全面掌握信息。主要包括以科研数据收集和整理为主的基础数据服务;以事实查询为主的进阶检索服务;以综合研究报告为主的全面分析服务;以前沿性预测为主的深层挖掘服务。

(五)基于数据服务与反馈的个性化服务

个性化服务是大数据环境下学科服务的必然趋势,是满足科研工作者和师生多样化、专业化科研教学需求的高层次学科服务模式,能够帮助用户在有效的时间内得到精准的信息资源。其主要任务是构筑一套追踪用户需求;了解用户研究方向;推送数据资源服务的反应机制,打造图书馆资源与用户之间的沟通桥梁,随时随地解决用户咨询问题。主要内容包括个性化数据信息追踪推送服务、科技查新与论文收引检查服务、数据资源的跨库检索服务等。

第三节　基于用户需求的高校图书馆智慧化 学科服务模式构建

一、基于用户需求的高校图书馆智慧化学科服务内容分析

(一)基于用户需求的智慧化资源服务

资源是高校图书馆提供智慧化学科服务的基础,在互联网、大数据时代,高校图书馆可以借助数据智能为用户提供智慧资源服务。一方面,高校图书馆可以利用新技术,充分聚合自有资源、网络资源、共享资源、开放资源,为学科服务提供多元化、多领域的资源服务,满足不同专业师生的教学、学习需求;另一方面,高校图书馆可以针对不同学科的需求,科学划分不同的资源种类,梳理包括课程资源、学科资源、特色库资源、院系分馆资源在内的众多资源类型,用户可以通过图书馆的智慧检索系统便捷搜索这些资源,实现资源和学科的无缝对接。同时,高校图书馆可以采用人工智能技术,将用户反馈的有关资源方面的问题进行收集、整理、分析,最终形成用户使用资源的数据报告,并根据报告的各项数据指标进一步优化智慧资源服务。

（二）基于用户需求的智慧化教育服务

随着信息技术的快速发展，高校的教育任务不仅仅是教授课本知识，还需要调动一切资源提高师生的信息素养，进一步提升高校的整体信息水平。高校图书馆在这项工作中具备较多优势，一方面，高校图书馆拥有先进的信息资源和信息技术，可以为高校信息素质教育工作奠定资源和技术基础；另一方面，高校图书馆能够获取前沿信息理念和信息文献，为高校开展信息素质教育奠定了理论基础。因此，高校图书馆的智慧教育服务主要通过信息素质教育方式加以实现，根据师生的信息素质现状，有针对性地开设符合其需求的信息教育课程。在实际教学过程中，图书馆可采用实地参观馆内信息技术、为不同专业师生提供信息资源、开展研究方法及数据素养相关培训等方式，提高师生信息获取、利用及评价能力。

（三）基于用户需求的智慧化内容服务

学术研究是高校的重点工作之一，而高校图书馆的学术资源也是重要的馆藏资源之一。因此，在学术研究方面，高校图书馆仍然可以采用智慧化手段，为高校师生提供智慧内容服务。一方面，高校图书馆可根据现有的馆藏资源和不断更新的资源，采用大数据计量分析理论和专业软件对文献资源进行分析、整理，为高校的学术研究提供情报分析服务；另一方面，高校图书馆可根据情报分析和研究实际，结合本校的学科建设水平、竞争能力、论文质量、基金资助等因素，对今后的学术研究方向和选题进行研判，辅助决策者制定学校发展战略、规划人才引进、建立绩效考评机制，助力院系及科研人员课题研究的顺利开展。

（四）基于用户需求的智慧化用户服务

高校图书馆的用户虽然都是本校师生，但不同专业的教师因学科领域和研究方向不同，他们所需要的信息资源服务也必然存在差异。高校图书馆可以结合大数据对不同学科领域的教师进行数据刻画，准确捕捉他们在资源参考、信息获取、学术研究等方面的需求，并通过数据处理最终得出用户需求模型数据，纳入服务数据库，以备提供后续智慧化服务；通过神经网络算法，对数据库中的用户模型进行归类，按照标签化管理原则动态识别用户的资源信息需求，利用追踪、定制、推送等方式实时提供各类信息资源；利用通信工具、社交网络与用户构建及时沟通交流体系，通过收集用户的意见和建议，与不同学科的图书馆员进行信息的碰撞和交流，提高高校图书馆智慧用户服务的敏锐度和针对性，提升高校图书馆学科服务的效率和效能，推动知识创新与知识创造。

二、基于用户需求的高校图书馆智慧化学科服务模式探索

（一）更新服务观念，为智慧化学科服务夯实基础

在智能化、信息化、数据化的大背景下，高校图书馆从用户需求出发构建智慧化学科服务模式，首先，要从思想上更新服务观念，紧随"智能＋"的时代趋势，利用数据化思维、嵌入式思维、个性化思维引领图书馆打造智慧化学科服务体系。首先要具备数据化思维。大数据时代，高校图书馆对资源的获取和利用不能局限于传统的思维和模式，应将大数据等技术应用于资

源服务的各个环节,通过对数据进行挖掘、整理、分析,使数据成为重要的资源内容,依靠智能检索、情报分析、知识发现等服务功能,提供智慧化资源探索。其次,要具备嵌入式思维。从用户需求出发提供智慧化学科服务,改变以往"一网撒鱼"的服务模式,转而采用嵌入式服务模式,深入教学教研的一线阵地,一对一提供教学科研服务,从教学环境、科研环境、学习环境等方面着手,使服务更加细致、具体,更加具有针对性。再次,要具备个性化思维。高校图书馆基于用户需求的智慧化学科服务要坚持以用户为中心,搭建反馈、沟通、交流体系,利用网站、数据库、图书 App 等平台,实现用户与图书馆的互动,真正做到全面跟踪、获取并满足用户的个性化需求。

(二)强化技术支撑,为智慧化学科服务提供支持

智慧化学科服务的实现有赖于先进技术的支撑,因此,高校图书馆要进一步强化技术支撑,为智慧化学科服务提供全流程支持。具体表现在:一是在资源的获取和分类阶段,高校图书馆要利用互联网、大数据、云计算等新技术定期更新信息资源,快速准确地实现分类存放和检索;二是在资源的推送和利用阶段,高校图书馆要利用现代信息技术,按照用户的需求,结合馆藏资源、人力资源、平台资源,在电子阅读器、图书馆书报阅读器、微信公众号、移动图书馆搭建数据服务端口,为用户提供更具权威性、专业性、前瞻性的学科资源;三是在服务反馈提升阶段,要充分体现物与物之间、人与人之间、人与物之间的智慧互联互通,在宏观层面上实现学科服务与学科建设、科研项目间的对接,在微观层面上完善数据、信息、文献、知识存在的不足,进一步提升图书馆服务科研、服务教育、服务用户的水平。

(三)增强馆员素质,为智慧化学科服务增添动力

高校图书馆提供智慧化学科服务需要一支富有智慧的馆员队伍,"智慧化"包含了信息素质素养、学科服务能力、决策支持能力等三个方面。在信息素质素养方面,馆员要具备符合新时代高校图书馆智慧化学科服务的必备知识;在学科服务能力方面,馆员要能全方位服务于对接的学科专业;在学科决策支持方面,馆员要能对本校学科建设发展的趋势做出判断,并提供决策支持。为此,高校图书馆要对馆员的资源信息检索、分析、挖掘、服务能力进行定期考核和培训;要结合服务的学科专业,有针对性地对馆员进行学科专长和专业能力提升训练;要注重对馆员沟通能力的培养,挖掘用户需求,推进学科服务的精准化、个性化。

(四)完善顶层设计,为智慧化学科服务提供保障

顶层设计是高校图书馆实现智慧化学科服务的根本保障,也是提升服务效果的根本措施。为完善顶层设计,高校图书馆需要重点关注三个方面的内容:一是智慧化学科前瞻性的架构体系,即围绕本校的学科专业发展方向,聚焦一流学科建设目标,从理念、资源、服务、品牌、机制等多方面设计架构体系,合理规划组织,灵活安排资源,提升服务体系的前瞻性。二是智慧化学科针对性的服务内容,即在充分调研的基础上结合用户的需求,设计有针对性的服务体系和流程,定期收集用户意见和建议,动态完善服务内容,实现内容的不间断优化。三是智慧化学科持续性的运维机制,即围绕智慧化学科服务需求,对资源信息、组织团队、系统工具等内容进行优化管理,做到"以人为本"、奖惩分明,进而提升服务效能。

第五章　高校智慧图书馆知识服务体系构建

大数据环境下信息科技的改革、创新与进步造就了图书馆行业的一次次变革,图书馆界在大数据和物联网的影响下,由传统图书馆、数字图书馆和复合图书馆形式迈向了智慧图书馆。组织与建设智慧图书馆成为图书馆理论界与实践界的热门焦点及未来研究的必然趋势。从供给侧角度来看,高校智慧图书馆的知识服务质与量也应嬗变,图书馆也应提供更多、更好和更新的服务内容与服务形式。本章对高校智慧图书馆知识服务体系进行研究,在对高校图书馆知识服务的相关理论进行阐释的基础上,重点对高校智慧图书馆的知识服务模式进行研究。

第一节　高校图书馆知识服务概述

一、高校图书馆知识服务机制与流程

(一)知识服务机制

1.基于知识管理的知识服务机制

假如把高等学校图书馆实施知识性服务活动的过程看作一个有机的大系统,那么图书馆开展知识服务活动的机制就是指支配这一大系统良好运转的工作理念、经营文化以及工作流程等各要素相互影响的机理。以人本管理为着眼点进行研究,认为国内高等学校的图书馆实施知识活动的服务机制主要包括三个方面:借助先进的管理方法对已经掌握的文献资料进行有效管理;为工作人士开展培训活动以及奖励改善其为服务对象进行工作的能力;及时取得服务对象的反馈信息。影响图书馆知识服务质量的因素是多样的:从微观层面而言,图书馆知识资源建设基本决定着用户能否在知识服务过程中获取满意的结果。例如馆藏中有无用户需要的某一类文献;从宏观层面而言,与图书馆知识服务相关的一切要素都影响着知识服务的质量,例如服务人员的态度、知识水平以及综合素质等。因此,非常有必要对影响图书馆知识服务质量的一切要素进行知识化管理。

在选取能够有效对高等学校图书馆实施良好管理的模式上,有些组织机构注重采取结构化策略强调对馆藏文献资源实施深度编码后,为用户提供服务。这一类图书馆更倾向于采取

编码模式的管理机制,侧重对显性知识(馆藏资源)进行分析、整合、挖掘、存储等全面管理,强调对信息技术、硬件环境、有形资产等方面进行投资,以便能够使用高效收集、开发、传播知识的管理系统,改善知识服务硬件设施水平;有的图书馆更青睐于采用人本管理策略,站在知识服务活动中的人员的角度,坚持人本管理机制,始终将服务人员与用户的身心权益放在第一位。采取人本模式的管理机制则坚持一切以人为核心,坚持从人的角度出发,一方面充分保障服务人员的劳动有所回报,另一方面保障用户的知识信息需求能够得到合理解决。

总的来说,知识经济的迅速发展,使用户需求日益个性化、多样化、专深化,对高校图书馆知识服务提出了新的要求与挑战,图书馆应当采用人本化的知识管理机制,对知识服务活动进行全面管理,为用户提供高效的知识服务。

2.学习与培训机制

高校图书馆之所以需要建立学习与培训机制,主要是因为在高度知识化的今天,知识更容易老化,并且老化速度日渐加快。面对这一现实,无论是图书馆服务人员还是图书馆用户,都只有通过不断及时接受学习培训教育来吸收内化新知识,进而提升自身工作能力,才能在激烈的职业竞争中脱颖而出。高校图书馆的一线服务岗位工作人员需要掌握扎实的情报理论常识,拥有良好的知识检索素质以及对采集到的知识进行分析、整合与创新的技能。但在知识经济时代,旧知识往往以较快的速度被新知识取代,因此图书馆必须建立有效的学习与培训机制,一方面从制度上保障服务人员及时学习新知识,掌握新技能,进行必要的投入,鼓励服务人员自主学习,参加培训等交流活动,使得专业学习经常化、制度化、规范化、系统化。例如,可以通过外出培训、学者讲座、专家学术报告等方式,激励全体馆员进行学习,努力提高自身的各项专业素质,培养现代专业性知识服务人才。另一方面,应通过开设常规信息检索课程、举办讲座等有效方式培养用户的信息素养、知识意识以及知识能力。在图书馆知识服务的长期实践活动中为服务人员与用户建立有效的学习与培训机制,能够激发知识服务人员与用户的学习热情以及学习动力,既有利于培养一批适应知识化时代发展的优秀知识服务人才,也便于最大程度上满足用户的知识需求。

3.激励机制

对于大多数图书馆知识服务人员来说,合理的激励机制能够有效地激发其服务热情,使多数服务人员以良好的服务态度参与到为用户服务的过程中,追求较好的服务绩效,力争达到用户满意。图书馆知识服务活动伴随着服务人员的智力劳动,图书馆在设立激励机制时,应当充分尊重服务人员的劳动价值,考虑其劳动价值的大小,给予相应的物质激励或精神激励。通过对服务人员进行有效的激励,坚持人本管理原则,切实维护服务人员的身心利益,全面保障知识服务活动的顺利开展。图书馆知识服务的激励机制主要包括对知识服务人员从物质与精神两个层面进行激励活动,二者都是高校图书馆知识服务激励机制的重要构成部分。对服务人员的物质激励主要表现在提高薪酬、发放奖品等实物方面,管理层可以建立"知识开发补偿""按贡献大小实施分配""学历提升奖励"等制度,以制度的形式从物质层面激发并保障全体服务人员积极参与到知识服务活动中。除了要为图书馆服务人员提供良好的物质激励以外,还要从精神层面对服务人员进行激励。精神激励侧重从服务人员的情绪、理想、人生价值等方面进行激励,例如可以通过改善服务人员的办公环境达到慰藉其心理情绪的效果。另外,也可以推动服务人员之间建立良好的工作关系,制定适度的知识服务绩效目标,并尽可能使工作目标接近于全体馆员个人的自我精神追求与价值认同,从而激发服务人员的使命感,形成内在驱动力。

4.反馈机制

高校的图书馆要想保证为其服务对象开展知识性工作与服务活动的效果,就离不开有效的服务对象信息反馈机制。服务对象在实际生活或认知活动中产生难以处理的疑难,才会向一线工作人员寻求应对办法。由于受到图书馆馆藏知识资源、服务人员个人的知识与能力以及服务人员与用户之间的交流障碍等因素的限制,实施知识性工作与服务活动相对难以一次就令服务对象感到满意,尤其是科研型服务对象的专深层次需求更有难度,一般情况下需要一线工作人员融入服务对象的真实情境。由此来说,图书馆必须建立高效的反馈机制,保障用户在接受知识服务之后将知识产品或解决方案的满意度以及实际问题的解决效果等信息反馈给服务人员,为服务人员吸取经验改进服务质量提供参考意义,也便于图书馆对用户问题进行收集整合建立用户问题知识库,为后来的具有同样或类似知识需求的用户提供帮助。因此,必须建立适当的用户反馈机制,使服务人员及时跟进、融入用户情境,在开展知识服务过程中有的放矢,尽可能使用户满意,解决用户问题。

良好的服务对象信息反馈机制关系着图书馆提供知识性服务活动的最终效果,想要设置可靠的服务对象信息反馈机制,首先需要致力于保障交流渠道的畅通,使工作人员能够便利地向服务对象传递服务产品或解决方案以及获得来自服务对象的信息。首先,图书馆服务人员及时掌握用户在接受知识服务后作出的评价与建议等信息,对于改进图书馆知识服务质量具有重要作用;其次,站在图书馆的角度,图书馆知识服务人员应当能够积极收集用户的知识行为信息,主动融入用户情境,力求解决用户的实际问题;再次,在图书馆服务人员与用户的互动过程中,必须坚持客观公正的原则,以友好的态度与用户进行沟通交流,尽量减小个人喜好、坏心情等不利因素对互动过程的负面影响。

(二)知识服务流程

随着知识服务在高校图书馆服务活动中地位的日益提高,知识性服务流程已经成为业内专家学者的研究热点。推行知识性服务工作与活动的流程的内涵主要指一线岗位的知识工作与服务人士从服务对象的知识期望及需要角度出发,对一切可利用的馆藏资料等知识资源中的相关知识进行深入剖解挖掘,制定具有较强可行性的解决建议或解决方案等知识产品。用户再根据其实际问题发展状况对服务人员制定的策略或方案进行满意度判断,如果对服务结果不够满意,可以将反馈信息传递给相关服务人员,服务人员根据反馈信息改进知识产品或解决方案,直至用户满意。在知识服务活动结束后,无论是图书馆还是用户,其所掌握的知识存量都相应地增加了。

高等学校的图书馆一线工作人员为其服务对象开展知识性服务工作活动,是服务活动的主导者与其服务对象之间根据服务对象的实际难题,在馆内与馆外知识资源及技术条件的协助下进行关于处理服务对象疑难的交互行为。知识服务流程如图5-1所示,揭示了图书馆知识服务以人与人、人与支持系统、系统与系统之间的双向交互为基础,将图书馆知识资源与以知识服务活动统筹为核心的服务制度及服务理念联系起来。知识资源与知识服务活动统筹的衔接以知识服务制度细则的规范为前提,通过知识服务人员对服务制度与服务理念的认真贯彻执行,进而实现知识服务质量的控制,相关的知识服务制度包括问题分配、调用资源、职责界定以及考核绑定四个方面。用户、咨询馆员、技术馆员以及支持系统在知识服务活动中都扮演着重要角色。当用户在图书馆内获取所需知识资源或利用检索系统的过程中,遇到相对容易解决的困难时,用户可以利用问题库或 FAQ 问题板获取解决办法,或者直接向咨询馆员进行咨询。当遇到的困难偏向于内容是知识性问题时,可以向咨询馆员进行咨询。当遇到的困难属于技术性问题时,可以直接向技术馆员进行咨询。

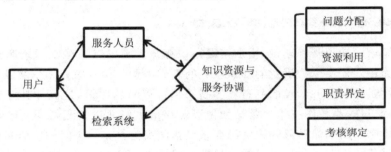

图 5-1　知识服务流程框架

在基于用户知识需求的服务流程中,知识服务的整个过程被清晰地表现出来,如图 5-2 所示。首先,用户通过图书馆知识服务中的有效联系方式与服务人员取得联系,并将以待解决的实际问题或知识信息需求传递给服务人员;其次,图书馆服务人员根据用户表达的显性知识需求,挖掘推测其隐性知识需求,然后广泛采集、获取、整合、分析并存储与用户知识需求相关的各种知识信息资源,围绕用户的实际疑难问题,服务人员综合考虑用户情境并提出解决建议、策略或方案,并将这些策略或方案通过有效渠道传达到用户手中;再次,用户根据其所处情境变化情况对服务人员提出的建议策略或方案进行有效性判断,如果认为建议或方案有待进一步完善,就将原策略或方案传递给服务人员,并提出修改意见,等待服务人员对解决策略或方案进行改进,直至用户满意;最后,图书馆服务人员应当及时对用户疑难问题的解决状况进行了解,以验证其决策建议或方案的可行性,并通过理论与实际效果的对比吸取服务经验,以求对以后的知识服务提供借鉴作用。

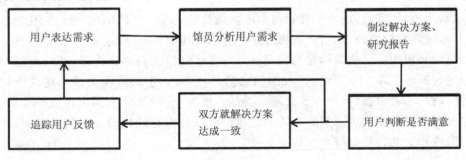

图 5-2　基于用户需求的知识服务流程

　　高校的知识性工作与服务活动的流程具有连接持续的特点,服务对象所处情境始终处于持续的发展变化之中,服务活动的细节往往随着服务对象知识期望及需要的变化而变化。因此,服务对象某个疑惑难题的有效处理往往是一种持续性的行为过程。从用户提出其知识需求到接收到服务人员提供的知识产品或解决方案,服务流程中的各个环节之间的联系都十分密切。知识服务是对知识信息资源进行挖掘的过程,其中融入相关知识组织技术以及网络信息技术,使得整个服务流程具有连续性,并且整个知识服务流程以达到用户满意为目标,没有明显固定的结束标志。

二、高校图书馆知识服务能力提升策略

(一)知识资源是知识服务的基础

　　注重图书馆馆藏知识资源建设,增加馆藏知识存量。图书馆馆藏知识资源是否丰富是决定图书馆能否为用户提供令人满意的知识服务的基本因素。做好馆藏知识文献建设工作是为用户提供知识性工作与服务活动的基石。提高知识资源的总存量,是提升其开展知识性服务活动能力的基础工作,高校图书馆的馆藏知识资源存量主要通过馆藏纸质文献与电子文献资源的总量体现出来。图书馆馆藏知识资源存量是指图书馆在某一个时间段内对馆藏纸质文献资源与电子文献资源以及服务人员掌握的显性与隐性知识资源等多种知识资源的占有总量。图书馆服务部门在增加图书馆馆藏知识资源存量的同时,也要多与相关组织机构进行教学科研等方面的合作交流,促进本校专家学者等用户与校外同行之间进行知识交流,扩大图书馆知识流量。图书馆知识流量是指在某一段时间内流入或流出图书馆的知识资源总量。图书馆的知识流量具有动态性、时空特性以及吸收性的特征。

　　纸质馆藏与数据库资源是图书馆所拥有的知识存量的主要表现形式,要想全面增加高校的知识总存量就必须从注重纸质资源的购买与数据库引进或自建两个视角着手。并且在购进纸质资源与引进或自建数据库的过程中,资源建设部的负责人应当使纸质资源与电子资源在数量与结构上能够有良好的搭配。提高图书馆馆藏知识资源存量具有多种途径:一方面高校图书馆可以积极购进相关学科优秀专家学者研究成果的纸质文献资源以及国内外优秀学术数据库;另一方面利用先进科学技术(网络技术、知识挖掘技术、知识组织技术等)与方法,对本校师生的科学研究成果进行收集、存储,建立本校特色知识库。另外,一线工作人员还可以对能够开放采集的网上资源实施解析组织,建立特色库。整体来说,易于编码显性处理的信息相对容易被分析、组织、处理,而隐性的知识信息不易做显性处理。对结构化、半结构化数据信息进行收集、分析以及挖掘处理,从中挖掘出对用户有用的知识单元,做集成化处理,建构的知识库内容多以显性知识为主。非结构化的数据信息内容往往以隐性知识为主,相对难以编码处理成较细分的知识单元,对于非结构化数据信息的处理,可以借助可视化技术建设视频知识库(名师精品课程、学者讲座、行业专家交流)。例如,现如今 MOOC 在国内高校深受用户青睐,图书馆也可以通过制作知识视频的形式来存储较难以显性化处理的知识信息资源,并且可视化技术对隐性知识的转移具有重大意义。

（二）科学技术方法是知识服务的保障

先进科学技术方法为高校图书馆知识服务提供了技术保障，高校图书馆应及时引进相关先进技术手段，改善知识服务设施水平，例如电脑设备的换代、检索系统的更新等。进入 21 世纪以来，信息技术、互联网技术以及知识组织技术获得突飞猛进的发展。例如 RFID 技术、语义网、物联网、大数据、自然语言处理技术、智能技术等等都为图书馆事业的发展与研究提供了便利。在信息技术与网络技术的支持下，知识的交流传播与转移效率都得以大幅度提升；语义网技术与自然语言处理技术以及智能技术也日益改进着搜索引擎等检索系统的检索效率。早期的文献参考服务之所以能够从当面问答到虚拟解答到协作解答再到实施知识性咨询工作服务，是因为在这一发展过程中信息技术与互联网技术起到了巨大的作用。科学技术的发展进步使图书馆服务打破时空限制，使用户不必走进图书馆即可享受图书馆知识服务。

随着知识控制理论与方法的逐步改进，对知识进行控制的实现形式已经从以文献形式为单元转变为以相对零碎的数据与知识元为处理单元。徐如镜指出，知识的控制单位长期以文献为主，但用户对知识信息的需求往往以知识元为单位。对知识进行控制的单位如果能够从文献转变为知识元，大量文献中的知识元将被挖掘出来，不同学科的文献中的知识元之间的关联性可以增强，有利于推进知识创新、应用以及知识价值的实现；Don R. Swanson 利用 Medline 文献证实某种疾病与饮食之间具有某种联系，推动了学科细分与知识分裂以及其他学者对知识元之间的语义关联以及知识发现的研究；人类对知识的习得内化能力与知识总量之间存在一定差距，并且这种差距日益扩大；随着科学知识专业化程度的不断提高，知识会发生分裂，跨学科的知识传递将会变得更加困难；某一专业领域的知识可能对其他学科领域具有价值，跨学科的知识之间存在着某种关联；Brookes 最早提出"认知地图"的概念，期望辅助解析不同学科知识元之间的关联现象。

搜索引擎检索技术的飞速进步日益改变着用户的知识信息行为，并日益提高用户获取知识信息的效率。2015 年 11 月 30 日，Google 苏黎世实验室的 Behshad Behzadi 在 Futurapolis 会议上提出，搜索引擎未来的发展目标是开发出终极的个人助手。搜索引擎的检索技术在四个方面将取得重大发展。首先，语音识别的准确率将大大提升。Behzadi 的数据显示，Google 的语音识别出错率已由两年前的 25% 降低至目前的 6.25%。这种水平基本相当于跟普通人进行对话的准确率；其次，将继续提高用户检索记录的关联程度，以使搜索引擎系统充分理解用户的知识信息需求，从而呈现令用户满意的检索结果；再次，将实现基于用户所处位置的搜索功能；最后，搜索引擎将自动记录用户的检索浏览痕迹，分析用户的检索行为，为用户提供信息推荐服务。

（三）人才是知识服务的核心

1. 引进优秀专业人才

人力资本是组织内部成员的优秀素质及能力的总和。高校图书馆的人力资本更大程度上指图书馆服务人员的脑力资本。高校图书馆的人力资本除了服务人员的数量以外，还包括服务人员的综合素质与能力，例如服务人员的计算机操作技能与服务态度等。高校的管理人员应从不同方面采取举措以保证一线工作人员的工作素养与智力水平。一般而言,主要从工作人员的受教育程度、专业层次以及心理素养等方面谋求提升工作人员实施工作活动的效果。图书馆馆员的知识结构一般由五部分组成:图书馆学专业基本理论、相关专业基本知识、语言文字知识、技术性知识、职业素养知识。其中,专业层面的基本性理论知识对全体工作人员而言是必须熟练掌握的。一线工作人员必须熟练牢记该类专业性知识,才能更好地开展日常工作,为用户提供良好服务,同时还必须掌握图书馆工作的技术方法,例如图书分类、编目、藏书组织与建设、文献复制等等。除了专业层面的基础性知识之外,一线服务人员仍需要具备一些与一线工作紧密相关的其他类别的知识,例如法语、日语等语言知识,力争拥有比较全面的知识与技能。对一线工作人员而言,除了需要具备基本性的理论知识及技能外,还需要掌握一些技术性知识与技能。技术性知识主要指与操作计算机与网络以及与系统相关的基本技术与技能知识,主要包括在线检索技术、自动标引技术、视听设备操作技术、缩微技术等等;职业素养知识主要指馆员具备的服务态度以及知识信息素养,是一种内在品质。高校图书馆在引进优秀人才时,应注意处理好引进人才的学历结构以及知识结构的协调搭配关系。既要引进深层次专业人才,又要引进知识面宽广的通才型人才。

2.定期对职工进行培训

在知识经济时代,图书馆服务人员应改变传统保守的服务观念,努力优化图书馆馆藏文献知识资源以及服务人员的知识结构。在图书馆传统服务时代,馆员往往是坐在台前,等用户进馆来咨询问题,馆员是书库看书人、馆藏文献知识资源的管理者。如今知识经济高度发达,图书馆服务人员应当成为知识信息利用专家而不仅仅是看书人。服务人员应该进行角色转变,充分利用自身的专业知识和专业技能对图书馆馆藏知识资源进行挖掘分析,进而创造出新知识用以解决用户实际问题;服务人员应当成为图书馆馆藏知识资源的分析和组织者,馆员应该对大量的馆藏文献信息资源进行筛选、简化、剔除优化工作,例如,根据一次文献不断生产二次文献、三次文献等;图书馆服务人员应尽最大能力对拥有的知识资源进行组织管理,主动向用户提供知识,推进知识共享;尽量从繁多的网址中选取优质可靠的参考信息源,以"书签"或链接的方式保存在本机构知识库中,为用户提供便捷的网络资源导航服务。

一线工作人员个人实施知识性工作与服务活动的能力是组建图书馆工作整体知识性服务活动能力的基本柱石,一线个体人员开展工作与服务的能力的强弱直接决定着向服务对象传达其渴求及期望的知识所包含的效用。从长远来看,为了使图书馆能够以高效率为用户提供知识服务,就必须建立有效制度,采取有效措施长期持续性地巩固提高服务人员的工作能力与服务技能,例如定期为服务人员举办服务技能培训活动、选派服务人员进行学历深造等等。除了图书馆的主动安排之外,馆员个人也应当积极参加相关的学术研讨会,学习补充新知识;在日常工作之余,形成终身学习的良好习惯,进行知识积累,增加自我的知识存量。例如,上海交通大学图书馆经常为服务人员进行专业培训,由全校各科研团队推选出一名成员作为信息专员,经过系列培训,提升接受培训人员相关专业的信息检索、鉴别、分析、整合等各方面的能力。

(四)用户教育是知识服务的根本

用户作为图书馆开展知识性服务活动的对象,用户的状态(知识结构、科研课题、教育程度、心理活动、兴趣爱好、专业专长等)深刻影响着图书馆知识服务的效果。图书馆实施知识性服务工作不仅仅是简单地向服务对象传递其所渴求的知识,也不是简单地协助服务对象处理其现实难题,最根本的是塑造服务对象的信息意识,提高服务对象个人采集、分析、重造及运用知识的综合实力,让服务对象能够自食其力地实施知识活动。

1. 塑造用户的知识信息意识

知识信息意识是指当认知者萌生某种知识渴求及需要时对那些能够或有可能满足其期望的信息所具有的感知力。知识意识直接影响用户的知识需求强度,如果用户的知识意识仅停留在随机感性认识阶段,知识需求强度就相对较低,只有当知识意识上升到理性认识阶段时,需求强度才相对较强。如果用户的知识意识较强,当用户意识到产生某种知识需求时就会激发强烈的知识获取动机,进而投入较多精力去获取所需知识。知识信息意识对用户而言,首先,表现为需求方面的意识,用户在日常学习、研究、实践过程中难免遇到困难或疑惑问题,此时就会自我意识到需要获取相应的知识信息来解决疑难问题,进而产生获取知识信息的行为;其次,表现为获取方面的意识,当用户受到外界刺激产生某种知识信息需求时,就会产生通过自身行为努力去获得所需知识信息的心理冲动,这种心理冲动就是获取意识;再次,表现为辨伪意识,如今网络时代使得知识信息资源的生产、获取极其便利,但网络知识信息资源的质量良莠不齐,此时就要求用户对获取的知识信息进行正确性及权威性方面的鉴别,否则就很有可能做出错误的决策或者难以解决实践中出现的问题。

2. 培养用户的知识信息能力

增强用户的知识信息能力主要包括用户学习新知识的能力、对知识进行更新的能力以及吸收新知识的能力三个方面。知识信息能力是指认知者在某类知识集合的辨别、剖析、判断、创新和利用上的综合实力。具体来说,认知者的知识信息能力表现在其对知识材料进行采集、解剖、整合组织、内化、创新等几个方面。对于同一类知识信息资源的利用,由于各类用户的知识信息能力强弱不同,所获取知识信息的数量、质量以及利用效果也会千差万别。高校图书馆在为用户开展知识服务的过程中,应当根据用户的知识需求类型、学历层次以及专业方向为用户进行知识资源获取与利用方面的技能培训教育,包括对知识信息进行分析、整合、创新以及内化吸收的思想理论方法,使用户能够独立自主地利用高校图书馆提供的馆藏资源与技术条件自觉学习新知识,提升自我知识信息能力。

学习是认知者通过吸取新知识并深化理解内化以期改进行为效果的过程。认知者的学习能力主要指认知者将采集到的知识材料实施解码、分析、创新以及内化利用等方面的能力。材料中的效用信息通过认知者的吸收内化得以在其内部不断积累并逐渐升值,在认知者的自觉努力下创造出新的知识。身处一线岗位的工作人员需要充分认识到自觉学习的重要性,并努力塑造稳定的学习习惯,利用业余时间进行持续性自学,进行知识积累,改进动手技能。

随着用户内部知识的逐渐老化,其拥有的某些知识会因失去使用价值而被新知识所取代。从知识创新主体方面来说,知识创造者主要通过脑力劳动进行知识创新;从知识接受者方面来说,主要是通过进修学习、培训、专题及自学等途径进行知识创新。知识经济的迅速发展使知识更新周期大大缩短。知识自产生之时起就开始逐渐老化的过程,在老化过程中,知识渐渐丧失价值或使用价值,这就要求个体要想适应激烈的竞争和满足发展自我的需要就必须对旧知识进行更新,及时补充新知识,相对于旧知识而言,新知识更具有活力。Cohen&Levintha 最早提出知识吸收能力。知识吸收能力是用户在日常学习生活中识别、转化和利用外部知识信息的能力。用户的学习效果通过其知识吸收能力表现出来,例如,老师讲课对学生都是平等对待,但是学生的考试成绩却差异很大,这就与学生的知识吸收能力密切相关。

第二节　高校智慧图书馆的知识服务模式

一、知识服务模式

随着社会经济生活知识化程度的日渐提高,图书馆服务事业也取得了巨大成就,先前的"重藏轻用"服务理念已经转变为如今的"以用户为中心"。Michael Gorman 提出图书馆应当服务于人类文化素质,为个体、组织以及全社会服务是图书馆工作最重要的原则,是图书馆工作产生、存在与发展的主要推动力。高校图书馆实施知识性服务工作的模式一般指的是一线岗位的工作人员运用一切可靠的文献资源,运用自我智慧与能力在便捷的硬件水平的支持下,向服务对象传递其所需要与渴求的效用知识以期解决其疑难情境的方式。我国高校图书馆现如今的知识服务模式主要有学科化服务、咨询服务、知识库服务以及 Human library 服务四种方式。

(一)学科化知识服务

学科化知识服务是一种基于学科专业类别及内容的专业工作活动。相关研究表明,学科化工作服务指的是高等学校的图书馆专门设置学科馆员以本校各院系各一级学科门类及二级专业的建设演变角度为出发点,根据各类服务对象的知识信息期望及需要为其实施相关知识的选取、传递、导航等工作活动,以期促进其教研或学习活动顺畅开展的专业性工作活动。一般而言,高校的图书馆会根据学科门类及其发展情况而设立学科馆员,制定相应的工作制度,为相关服务对象实施学科上的专业性服务。为了能够对服务对象实行尽量令其满意的专业学科性工作与服务,相关的学科馆员一般肩负着较多的职业责任。首先,学科馆员必须参与到图书馆馆藏知识资源建设的过程中去,根据对口院系学科的发展需要以及用户专业知识需求,对馆藏知识资源建设提出建议,并且熟悉掌握本学科以及相关学科馆藏知识文献资源的分布状况;其次,学科馆员要积极联络其所负责学科领域内的著名专家学者,定期为院系用户举办学术交流培训讲座,为用户解答课题咨询,努力提高对口院系用户的知识信息素养与知识信息能力;再次,学科馆员还要根据学科用户的不同类型及其知识需求变化,及时编制与更新用户的参考指南性手册资料,例如馆藏资源新用户使用指南等。国外的大学图书馆学科馆员主要分布于不同的学科分馆,某些特殊类型的馆藏单元也设置学科馆员,例如古籍馆藏、档案馆藏、政府出版物馆藏等。

综合高等学校图书馆已经为其服务对象实施的学科专业性服务的实践状况,基本可以将学科层面的专业服务内容区别为三点:在基础性学科及专业层面,与对口院系保持紧密联系,为其所服务的院系对象提供学科范围内的文献获取、知识咨询以及培训教育等基础性的服务;在院系的教学与科学研究方面,根据院系用户的教学与科研需求,为用户解决文献获取及利用方面的问题,例如定题服务、代查代检、查新服务、知识库建设等;在学科情报服务方面,根据用户的课题研究状况,对相关学科的研究状况及发展动态进行数据挖掘,提供数据及学科知识单元的服务,学科情报服务可以嵌入到用户的科学研究过程中,及时了解用户的研究进程。学科服务负责人与对口院系保持密切联系,主要针对科研型用户与学习型用户开展学科服务。

(二)咨询服务

1. 传统参考咨询

Samuel Swett Green 最早提倡图书馆应为用户开展参考咨询服务,他认为参考咨询工作能够指导帮助用户选择文献,有助于用户更好地利用图书馆馆藏文献资源。图书馆参考咨询服务人员应当认同"用户第一、服务至上"的服务理念,以友好的态度解答用户咨询的问题。J. Janes 等人指出,参考咨询服务是用户利用网络手段(E-mail、在线)将需求信息传递到咨询系统中并由服务人员进行回答的服务机制。1883 年波士顿公共图书馆开设专职馆员为用户提供咨询服务。二十世纪二十年代初期,图书馆参考咨询服务理念从俄国传进中国,清华大学图书馆最早受到影响,国立北平图书馆也在 1929 年成立了参考组。早期的文献参考工作服务一般向进入馆内的服务对象开展简单的问答活动,诸如系统的使用指南、馆藏布局等简单的问题,旨在协助服务对象更好地根据馆藏采集其所期求的效用知识。参考咨询服务人员往往在图书馆前台等待用户进入图书馆,面对面地将问题或需求传递到服务人员手中,在掌握用户需求或问题后,参考馆员利用书目工具或检索系统帮助用户查找其所需的文献资源(图书、报刊、电子书)或者直接为用户提供文献资源,例如馆际互借等。

2. 虚拟咨询

互联网等科学技术的飞速进步为早期参考服务工作方式的升级提供了机会,让一线工作人员与用户可以借助互联网完成知识信息的传递,网络为图书馆参考咨询服务提供了新的连接渠道,传统的参考咨询服务因而走向了虚拟参考咨询。网络化不仅为图书馆服务人员与用户提供了便捷的服务方式,还使文献资源的数字化变得更加流畅,知识共享变得更加便利,图书馆馆藏数字资源也日益丰富,计算机联机检索系统大大提高了用户的检索效率,传统参考咨询服务逐渐走向数字参考咨询服务。美国图书馆参考咨询与用户服务协会认为,虚拟咨询服务主要指馆员与用户以网络方式进行的交流活动。简而言之,虚拟参考咨询服务就是图书馆服务者借助计算机网络技术,通过实时聊天、FAQ、E-mail、WEB 表单、QQ、BBS 公告板等形式为用户提供问题解答的服务。国外图书馆界在二十世纪九十年代中后期逐渐开始提供实时咨询服务,早期主要借助 ICQ 等 IM 工具来提供咨询服务。1989 年 George A. Smathers 图书馆首创电子邮件咨询,1992 年美国教育咨询信息中心开始提供基于 WEB 表单的咨询服务。1995 年,出现了使用 Chat 技术的 Ask Alive 服务,是一种低层次的实时参考咨询服务。《Academic Libraries:2012 First Look》报告结果表明,在服务开展方式方面,大约有 75% 的高校图书馆提供虚拟参考咨询服务,基本包括邮件咨询(72.9%)、聊天咨询(26.6%)、短信咨询(24.3%)。事实上,19世纪九十年代后期,高等学校的虚拟咨询服务才逐渐兴起,在众多重点院校中,清华大学最早向其服务对象提供虚拟的咨询工作服务。2002年北京大学图书馆率先为本校用户提供"实时问答"的咨询服务。随着IM软件技术的发展,图书馆咨询服务逐渐形成了IM实时咨询与专业软件实时咨询并存的发展格局。

不同的参考咨询系统在细节上可能存在差异,但其工作流程基本由五个环节组成(见图5-3):用户提交问题;系统对问题进行筛选与分派。需求提交系统将服务对象发送的难题及知识期望实施解析,桌面系统自动对知识库实施搜索,假如搜索结果相对满意,系统就可以把结果直接发送给解答请求的用户。如果在问题库中没有搜索到相关解答答案,服务系统就会将用户问题传递至服务专家,然后联系最可能熟练处理相关难题的咨询人对相关难题做出处理;咨询人充分发挥个人才智、技能遵循相关的服务原则对服务对象的提问做出回复;向服务对象传递回复结果。用户提出的问题的答案既可以被公布在服务系统的"解答"页面,以备用户浏览,也可以发送进用户的邮箱内;采集服务对象的反馈性信息,及时了解服务对象实际难题的处理状况,有利于帮助优化虚拟咨询工作与服务活动,一般在向提问者传送解答处理后都会向其发送邮件采集信息,掌握其疑问难题的处理状况,期求根据回复结果对提问者的难题起到的效用完善后期的工作活动。

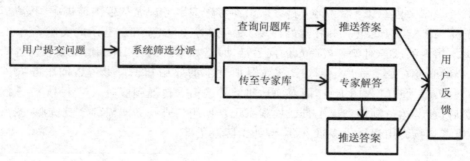

图5-3　虚拟咨询服务模型

3.联合参考咨询

随着用户知识信息需求的日渐全球化、多样化以及个性化,单个的图书馆由于受到知识资源、技术条件、人力条件与所在区域等多方面条件的约束,因而不易有效满足其服务对象的知识期望及需要,于是,同一个地区或不同地区的图书馆组织机构逐渐走向联合,组成联盟团体打破时空制约为其服务对象提供其渴求的知识,这就是联合参考咨询。合作参考咨询服务主要是指在全球范围内的同一地区或不同地区的多家图书馆组织机构,根据一定服务准则与合作契约联合起来在资源、技术等条件上形成优势互补状态,进而以更强的服务能力为用户进行服务的一种服务方式。咨询服务走向联盟化是满足用户日益个性化、多样化、复杂化的知识需求的必然趋势。联盟个体之间馆藏文献资源及知识信息技术上可以互通有无、博取众长为用户提供服务。联合参考咨询服务的馆藏知识资源分布在不同地区、不同图书馆的不同数据库中(如图5-4所示)。1997年英国的公共图书馆电子资源获取项目建立了Ask A Librarian合作咨询系统(最早的合作虚拟咨询服务系统),截至目前,已有90%的公共图书馆加入了该合作服务系统。

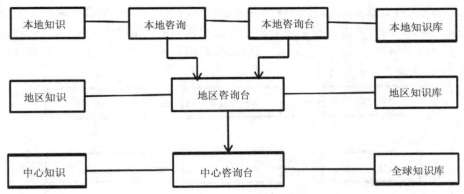

图 5-4　联合参考咨询服务模型

4.知识咨询

随着社会经济生活知识化程度的日渐提高,简单的数据与信息等基础性知识已经难以帮助用户有效解决实际问题,图书馆早期的参考信息服务也不能继续使服务对象满意,于是逐步开始向为服务对象实施知识性的咨询工作活动的方向转变。Spaulding 指出,专业图书馆员应该向知识顾问的角色转变;Weddell 倡导图书馆界将参考咨询服务向知识咨询转型;Whitlatch 提出,知识咨询的兴起提升了服务内容的专业层次。传统参考咨询馆员一般只要非常熟悉图书馆的馆藏文献资源分布状况以及具备良好的信息检索技能即可为用户提供服务,而知识咨询的服务人员则应当是由高素质的知识专家、学者、教授等专业人员组成的"咨询团队",拥有良好的专业知识背景、较高的知识水平、丰富的服务经验。如果说传统参考咨询服务是基于资源的服务,那么知识咨询服务就可以说是基于智力的服务,前者是浅层次的基于显性知识信息的传统服务,后者是深层次的专业化智力服务。图书馆的知识咨询工作活动相对强调更加关注服务对象处理实际疑难的过程与结果,一般有深层次、智力性、过程性三个特点。

相对专深的图书馆知识咨询服务过程一般经过六大步骤(见图 5-5):前期的准备工作、对用户的知识需求进行分析判断与规划;与用户进行访谈;对用户的实际问题进行分析研究;制定解决策略或方案后进行有效性评估,并将策略或方案传递给用户;对用户问题的解决状况进行追踪以获取反馈信息。前期准备阶段的主要工作是知识咨询服务人员与用户进行沟通交流,了解用户实际问题及其知识需求,分析用户的实际问题,准备与用户签订咨询合同或协议,明确双方各自的职责与其他相关事项;在用户需求的诊断与规划阶段,咨询服务人员要与用户密切合作,对所要准备解决的问题进行深入分析诊断,分析需要解决的问题的类型、知识范围、解决目标等因素,搜集相关数据与资料,选择解决问题的正确方法,拟定多种可供选择的解决方案,然后对每一种解决方案进行评估筛选,选择最佳的解决方案,并做好方案实施的前期准备工作,例如制订方案的实施计划、实际问题分解、确定课题研究各个阶段的任务、经费安排等等;用户调查与访谈阶段的工作目的主要是掌握用户的具体知识需求,明确解决问题所需的认知水平,根据双方的认知水平描述知识资源的实际应用,评估用户对咨询服务的满意状况;在问题分析与综合阶段,服务人员应根据用户需求对所获取的相关知识信息进行分类、筛选、挖掘、分析研究、整合等,以便制定最优的解决方案;在服务结果评估阶段,服务人员要根据用户特点、实际问题情境等因素,对拟定的解决方案进行可行性评估,确定最佳解决方案以及备选方案或指定咨询服务报告,并根据服务合同做好提交用户的准备;在用户跟踪反馈阶段,咨询服务人员要及时了解用户实际问题的解决状况,掌握用户对咨询报告或解决方案的满意度等反馈性信息,以求改进服务效果。

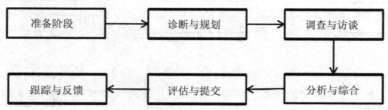

图 5-5   知识咨询服务过程的六个阶段

(三)知识库服务

Clifford Lynch 认为,高校机构知识库是指为有效获取、整序、存储和利用本校的科研成果以及网络知识资源而提供的一系列相关服务;CARL 将机构知识库定义为某机构所有知识工作者的智力产出的总和;吴建中认为,高校知识库是指收集、存储并提供科研人士智力成果的数据库,建设机构知识库有利于提高对学术知识资源的存取能力、增强高校学科竞争力、促进高校专家学者之间的学术交流等;李枫林等人认为,机构知识库是指基于开放存取的服务理念,为组织成员建立某类知识的长期保存与使用的数据库。高校图书馆知识库构建主要通过购买数据库与自建数据库两种方式实现。购买优秀学术数据库为用户提供服务,例如 Springer Link 电子期刊、Web of Science、Wiley Online Library、中国知网等;自建特色资源库,例如重点学科科研成果数据库、特色学科课程资源库、博硕士论文库等。另外,图书馆服务人员还可以对校内外的优秀教学参考资源、精品课程课源等进行收集,根据学科、专业等标准进行分类,建立目录,免费对用户开放,同时逐步实现教师与学生的在线学习互动交流,开展网络课程交流辅导,有利于提高本校教学水平。例如 Maryland University 图书馆为用户开展的 Placing Materials on Reserve 服务,使教师可以把相关学科的教学资料上传到图书馆的课程库中,以实现学科领域知识共享;利用 TRS、SQLServer 等数据库及 ASP、JSP+Javabean 等开发语言建设博硕士论文提交系统以及博硕士学术论文库,对本校学生的学术研究成果的长期保存以及版权保护都具有重大意义。

目前,DSpace、Eprints、Archimede、Fedora 均是国际较为知名的机构知识库。国内高校图书馆机构知识库建设的实例主要有:厦门大学图书馆利用 DSpace 的开放源代码,建立的"厦门大学学术典藏库"(XMU IR),可为用户提供浏览、检索、下载等服务,只有获得授权的用户才能提交资料,以提供具有学术价值的电子知识信息资源为主;香港大学知识库(HUK Scholars hub),香港科技大学图书馆利用 DSpace 软件建设知识库,目前收录的学术资源已涵盖 40 多个专题,为用户提供多途径的浏览和检索服务;中南大学建立 MIT 开放式课件镜像服务,访问用户可以获取 MIT Open Course Ware 的英文原版课程以及中文版课程资源,并实现了与世界其他大学开放式课件资源的链接。

（四）Human Library

Human Library，又名 Living Library，起源于 2000 年罗尼·勃格等人为"禁止暴力"开展的一次活动，该活动将"人"作为图书让读者借阅，并且现场有 75 本"真人图书"与读者互动。起初，Human Library 活动在丹麦、挪威等欧洲国家产生了巨大影响，随后在澳洲、美洲、亚洲迅速发展。

2005，年丹麦哥本哈根图书馆首次举办了 Human Library 活动，成为图书馆界引入真人图书的先驱。美国加州圣摩尼卡市公共图书馆在 2008 年开始向用户提供 Human Library 服务活动。2008 年，曾蕾将 Human Library 理念引入国内，在这一年，上海交通大学就在一次研讨班的交流活动中，为用户开展了 Human Library 活动，并在 2009 年先后主办"鲜悦 Living Library"活动和"同舟共济，分享新知 Living Library"的真人图书馆活动。"Human Book"一般通过讲座报告、座谈会等形式与用户进行面对面的、开放、自由的探讨交流，以自身的经验、见闻、学识、阅历、知识水平等隐性知识对用户进行影响，激发用户心理共鸣。如果说用户阅读文献资源是静态的学习活动，那么与"Human Book"面对面进行交流互动就是动态学习活动。动态的学习活动更利于用户对知识的理解、吸收、记忆。

二、智慧图书馆知识服务模式的类型

（一）基于书与书共同心智的智慧图书馆知识服务模式

1. 知识管理服务模式

在当今社会中，图书馆正在转变其服务理念，由过去注重馆藏、被动服务等逐渐向以人为本，开展智慧服务，满足用户的益增长的个性化需求的方向转变。数字技术的迅速发展导致海量的信息涌现在世人面前，各种载体的资源不断充斥着世人的眼球。当用户接触这些杂乱无章、多如牛毛并且种类、介质繁多的资源时，经常会感到迷茫、不知所措，不知道哪些资源才适合自己，所以图书馆的资源整合计划必须提到日程上来。

从实质上说，用户越来越向往高速、高效率的服务。虽然资源很多，但用户使用时往往需要进行大量的重复检索和筛选工作，这就大大地降低了效率。现在用户注重的是馆藏资源是否精炼，使用起来是否便利。所以，纵使图书馆拥有再多资源甚至是别的图书馆所没有的，这些对用户来讲都不是最重要的，用户最为关注的只有在图书馆能否高效且快速地得到所需要的资源。

知识管理服务模式是以智慧图书馆为前提，将所有图书馆和网络的信息、知识重新进行提取、加工和管理。采用智能技术和数据库技术，依照学科或某种体系结构将海量错杂的信息进行重新分析和归纳，建立全新的专业化、智能化的导航库。在此基础上，对重新整理好的知识信息进行深度的理解，探索知识与知识间的潜在关联，通过图书馆员的智慧创造出独一无二的全新知识产品供用户使用。在大数据时代的影响下，智慧图书馆应该对信息资源进行深度挖掘，将信息资源进行简化、浓缩，找到隐藏在信息资源中的有用知识并提炼、整合出来，以便于人们识别和理解知识；通过智能技术，将每个用户通过该导航库查询的知识进行记录和保存，一旦别的用户也查到和之前用户相同的知识领域时,自动列出之前用户所查询的信息并设立留言板块,方便用户之间进行知识交流,达到知识最大化的利用。

此外,图书馆还可以建立一个新型的软件系统,该软件可以根据用户输入的请求在现有资源中搜索出符合用户需求的主题信息,并经过分析、整合,按照用户的个性化需求对用户进行定向服务、专题服务和跟踪服务。

2.知识导航服务模式

知识导航服务模式的核心宗旨是解决用户的问题,以用户为核心的服务。在互联网环境下,庞大的信息和知识往往令用户眼花缭乱,其所需的资源往往要耗费大量的时间才能找到。知识导航服务模式就能在海量的网络资源里帮用户快速、高效地找到其所需要的资料,节省用户的时间。它将图书馆员转变成了知识的导航员,在复杂的网络环境中为用户保驾护航并提供引导咨询和个性化服务。在智慧图书馆体系的支撑下,知识导航服务模式得以最大限度的发挥,因为各馆之间都完成了相联,馆员可以利用网络穿梭在任意一个图书馆为用户寻找资源。

现如今,用户所要求的服务越来越专业化、智能化和深层次化,图书馆如果再不更新以往的服务方式势必会走向没落。知识导航服务模式是图书馆为了与时俱进,迎合用户多样化的要求而诞生的,它也包含了许多新的特点,如服务对象面向全人类,服务内容载体多样化,服务手段变被动为主动,并且呈现出多元化和个性化,服务流程一体化等特征。

(二)基于书与人共同心智的智慧图书馆知识服务模式

1.个性化定制与推送服务模式

(1)个性化定制服务

个性化定制服务模式是一种专门为满足个体的知识需求而设计的一种全新的服务方法,该方法是为了解决和满足用户日益增长的个性化需求而诞生的。来到图书馆寻求知识的用户是一个庞大的用户群,且类型复杂,他们由于职业等的不同,所需求的服务也五花八门,其自身的信息获取能力也各有不同。要想满足这些用户的各种需求,就要掌握这些用户的知识需求心理并做出全面客观的解析,然后根据用户的要求来整理和归纳资源,并通过对这些资源的再组织和深度挖掘,最后呈现给用户其所需的、个性化的知识精品,并且营造一个良好的个性化知识环境。具体来讲,一是要根据不同用户的不同知识需求提供个性化、专业化和特色化的知识导航;二是根据不同的用户建立个性化的用户界面,为用户推荐集成化的知识资源;三是积极设立用户定制服务,用户可以定制其所感兴趣的知识资源,图书馆定期自动地将用户所需资源通过个性化的定制服务传达给用户。以上这三种方法都可以通过短信提示、电子邮件、微信平台等方式来完成。此外,个人定制服务要定期向用户进行资料更新,咨询用户的使用情况,调查用户的检索内容并总结出适合用户的检索过程,逐步建立出属于用户自己的知识系统,直到解决问题。个人定制服务的出现将会大大地提高智慧图书馆知识服务的质量,提高效率,节省读者时间。

（2）个人推送服务

个人推送服务模式是指智慧图书馆为用户提供账号，用户通过这个账号向图书馆提供自己所需要的资源范围、需要资源的时间、检索词汇或检索方法等，智慧图书馆会根据用户所界定的要求，在规定的时间内将用户所需的资源推送给用户。信息推送是利用数字技术，将所需传送的资源以多地址发送的方式传递到用户手中。目前信息推送服务有很多种，例如电子邮箱或微信平台，但这两种方法都需要馆员的人工服务。还有利用智能软件来完成推送，过程是用户先使用软件将要求输入进去，系统接收到指令时会由系统或人工按照用户指定的方式进行检索，检索成功后再把资源传递给用户。

2.自助性服务模式

自助服务模式是建立在智慧图书馆已经拥有健全的知识服务系统和用户较高的实际操作能力及较多的知识储备或内涵的基础之上的，该模式要求用户的指令直截了当并且具体。用户通过智慧图书馆所建立的全新专业化、智能化的导航库所提供的标准化服务和解决方案，自行检索和简单分析即可得到问题答案。自助性服务模式是图书馆依据以往的经验，将需求量大且技术含量较低的服务，依靠智能化技术让用户采用自助服务的方式独立解决自己的问题。随着数字技术、人工智能等高端技术的不断发展，建立拥有知识查找、重组能力的自助式智慧服务平台成为可能，用户可以通过智能手机、电脑或是其他数字设备来享受智慧图书馆所提供的自助性服务。

因为自助服务模式的双方交互活动是间接的，所以智慧图书馆作为服务提供方只能听取用户的反馈意见去进行服务的改造和升级，并要源源不断地向智慧服务平台注入新鲜的知识咨询，这样才能保证自助服务的质量，满足用户的各种个性化需求。

（三）基于人与人共同心智的智慧图书馆知识服务模式

1.智慧化参考咨询服务模式

参考咨询服务是众多图书馆服务中不可或缺的一部分，它在1876年10月由美国人萨穆埃尔首次提出，时至今日，参考咨询服务依然活跃在各个国家和地区，这足以说明其在知识服务中的地位。它是基于问答方式的一种方便用户的服务，用户向图书馆提出问题，图书馆就会让馆员或专家通过各种方式和手段解决用户的问题。随着数字技术的迅猛发展，参考咨询服务正渐渐地向数字化方向发展。

智慧化参考咨询是以数字化、智能化为基础，运用智能技术将参考咨询提升到一个全新的高度。智慧化参考咨询服务模式是智慧图书馆知识服务中的一个不可或缺的基本服务方式。

2.学科馆员服务模式

学科馆员服务模式最早出现于1950年的一所美国高校图书馆中，当时是图书馆指派一些具有某种专业特长的馆员为相关专业的学生提供答疑解惑服务。时至今日，我国已有相当一部分高校图书馆都提供学科馆员服务，但是我们也应该看到有相当一部分图书馆的学科馆员服务都属于盲目跟风，仅仅局限于形式，只是在图书馆的网站上发布一些学科馆员的名单及所擅长的专业和联系方式,根本没有实质性的工作内容。

在智慧图书馆环境下,我们要重新定位学科馆员。学科馆员在某种领域上较其他普通馆员拥有独到的见解,并具有将该领域的知识进行重组、提供专业化服务的能力,同时学科馆员还应具有一个图书馆员所必须拥有的全部图书馆学专业的基础知识和技能。虽然学科馆员与一般的图书馆员相比领域知识比较扎实,但是不能因此就把学科馆员的专业水平与该专业领域内的科研人员作比较,学科馆员的专业知识不可能达到与科研人员同样的深度。所以学科馆员的本质还是一个图书馆员,其服务的主要内容是将其所擅长的专业知识经过自身的理解、整理、归纳和重组,将自己对该知识的领悟或经验采用各种高效、便捷的方式主动提供给用户。学科馆员与科研人员最大的区别就是学科馆员只负责专业知识的搜集、整理、重组、挖掘和传递,而不是对专业知识进行深层研究。因此,学科馆员应该是专业知识的检索者、整合者、分析者和监督者。

此外,学科馆员服务是基于人的服务,所以要求学科馆员在相关领域上不断学习和进步,了解该领域的最新消息,与时俱进,在努力提升自己专业知识的同时,也间接地提高了用户的专业知识水平。目前,有一种称为"学科馆员—功能专家"的研究体系,即将学科馆员和该领域的专家联合起来形成一个团队,共同为用户服务,这样既可以提高学科馆员自己的专业素养,也提高了为用户服务的质量。在服务时,应该改变以往被动服务的做法,变被动服务为主动服务,主动地了解用户掌握专业知识的情况,了解他们的需求,为用户推荐相关书籍和资料,也可做一些问卷调查,从中获取用户的心声,做到心中有数,有针对性地为用户服务。同时,在服务方式上也应该求新求变,例如,开展智慧化的参考咨询服务、学科网络资源导航服务等等。此外,还应注重用户知识素养教育,学科馆员可以定期安排一些图书馆知识讲座,在让用户了解图书馆所有的服务和使用方法的同时,还应该介绍相关专业领域的知识检索方法、数据库的使用等等。当图书馆引进用户感兴趣的新资源时,应立刻告知用户,使用户也能够抓住该专业领域的第一手消息和咨读,能够在寻求知识服务时首先想到利用图书馆。

(四)任何时间任何地点可用的智慧图书馆知识服务模式

1.移动便携模式

现如今,我国已进入5G时代,在人们利用互联网的方式中,通过移动端(智能手机、平板电脑、小型计算机等)浏览互联网所占的比重越来越大,各式各样的服务行业也都涉足移动端,比如网购、手机银行、移动杂志等。

近年来,智能技术在图书馆中的应用越来越明显,智慧图书馆完全有能力在移动端建立自己的服务平台,为用户提供各式各样的知识服务,用户可以通过服务平台进行借还书、预定座位、申请参考咨询服务等等。移动便携模式的发展潜力是巨大的,它使图书馆知识服务越来越便捷和人性化,用户完全可以摆脱时间和空间的限制,随时随地地享受图书馆所提供的知识服务。在建立移动端服务平台的同时,还可以在微信上建立智慧图书馆公众服务平台,用户可以关注平台,平台会定期推送用户感兴趣的内容,把新的消息第一时间推送给用户。

2.智能交互模式

智能交互模式是将各种各样的智能交互设备融入用户的日常生活中,比如在公交站、地铁站设立专门的 LED 滚动信息屏或数字电视,实时地传递社会新闻和最新资讯;还可以在公共场所尽可能地单独设立一个小型的类似阅览室的地方供公众阅览知识和休息等等。另外,图书馆最好能设计出各种人性化的智能软件辅助用户获取知识,增强知识获取的准确性。通过智能软件的感知系统感知用户查询资源时的特点,心智的强弱,从而帮助用户找出最适合自己的知识获取方法。智能软件还应该利用其智能系统尽量保证操作的简洁性,让用户一目了然,使用时得心应手,将复杂的挖掘过程简单化,进行智能化的去重和重组,优选出最好的知识精品供用户使用。

参考文献

[1]黄娜.高校图书馆与学科建设[M].长春:吉林人民出版社,2019.

[2]包华,克非,张璐.高校图书馆信息资源建设[M].北京:中国商务出版社,2019.

[3]曹静.高校智慧图书馆建设与应用研究[M].北京:中国商务出版社,2019.

[4]曹瑞琴.高校图书馆学科服务与智慧化建设[M].长春:吉林出版集团股份有限公司, 2020.

[5]陈幼华.高校图书馆阅读推广理论与方法[M].北京:朝华出版社,2020.

[6]邓学军."双一流"背景下智慧图书馆建设研究[J].智库时代,2019(29):167+169.

[7]杜亮.基于"双一流"建设背景的智慧图书馆发展策略分析[J].大学图书情报学刊, 2019,37(06):39-43.

[8]范宏梅.智慧城市背景下智慧图书馆建设探究——以郑州高校为例[J].城市住宅, 2021,28(04):139-141.

[9]付雅文.基于物联网的高校智慧图书馆系统的构建研究[J].电子测试,2019(16): 62-63.

[10]高红霞."互联网+"时代高校图书馆智慧化建设研究[M].沈阳:辽海出版社,2019.

[11]高树超,杨永华.智慧时代高校图书馆服务创新与发展研究[M].北京:原子能出版 社,2020.

[12]侯丽丽.智慧图书馆时代高校图书馆人力资源管理创新[J].科技创新与生产力,2021 (04):57-59.

[13]扈小鹿.高校图书馆智慧转型中的管理问题研究[J].环渤海经济瞭望,2020 (05):130.

[14]焦青.高校图书馆文化建设研究[M].北京:中国商务出版社,2019.

[15]孔瑞林.高校图书馆阅读推广研究[M].济南:山东教育出版社,2019.

[16]李丽丽.智慧视阈下高校图书馆学科服务探究[J].科技经济导刊,2021,29(14): 156-157.

[17]李琳.高校图书馆阅读推广与宣传促进研究[M].长春:吉林人民出版社,2019.

[18]李明.高校图书馆阅读推广研究[M].北京:朝华出版社,2019.

[19]刘宏.数据驱动下高校图书馆智慧化发展研究[J].图书馆学刊,2021,43(03):49-52.

[20]刘建平.高校智慧图书馆建设路径研究[J].吉林工程技术师范学院学报,2020,36 (10):66-68.

[21]刘旭晖.云环境下高校图书馆智慧管理系统模型构建与功能实现[J].农业图书情报, 2019,31(10):46-53.

[22]吕颖.基于用户需求的高校图书馆智慧化学科服务模式构建[J].河南图书馆学刊,2020,40(06):61-63.

[23]孟银涛.泛在环境下高校智慧图书馆研究[M].北京:中国农业大学出版社,2018.

[24]娜丽莎.基于数据化技术的高校用户智慧化文献资源精准服务研究[J].长春大学学报,2021,31(04):68-72.

[25]宋甲丽,赵义纯.大数据时代高校图书馆智慧服务5W模式构建[J].大学图书情报学刊,2021,39(03):32-37.

[26]谭少丽.创新视角下的高校图书馆智慧化服务模式构建探讨[J].桂林航天工业学院学报,2021,26(01):131-134.

[27]谭映媛.高校图书馆智能化和智慧化的研究[J].内蒙古科技与经济,2020(20):130-131.

[28]王捷.大数据环境下普通高校图书馆服务转型策略研究[J].图书馆学刊,2021,43(03):43-48.

[29]王亚莉,田东旭,陈峥.基于智慧视阈下的高校图书馆人力资源管理策略探析[J].兰台内外,2019(28):53-56.

[30]王以婧.创新教育背景下的高校图书馆智慧服务模式分析[J].湖北开放职业学院学报,2021,34(05):3-4.

[31]王媛.大数据背景下的智慧图书馆移动信息个性化服务优化[J].办公自动化,2021,26(10):54-55.

[32]王云弟,王文韬,谢阳群,刘咏梅.融合5G的高校图书馆智慧学习服务体系构建[J].图书馆理论与实践,2021(02):85-90.

[33]温兰.高校智慧图书馆建设研究[M].长春:吉林科学技术出版社,2019.

[34]吴爱芝.大数据时代高校图书馆智慧化学科服务研究[M].北京:海洋出版社,2018.

[35]吴佳丽.高校图书馆阅读推广理论与实践研究[M].延吉:延边大学出版社,2019.

[36]吴志强,杨学霞.智慧图书馆的研究与实践在中国的发展[J].图书情报工作,2021,65(04):20-27.

[37]谢薛芬.浅谈高校图书馆工作[M].杭州:浙江工商大学出版社,2018.

[38]徐玲.小议"互联网＋"背景下的高校图书馆智慧化服务模式[J].亚太教育,2019(09):16.

[39]许惠,娄家星,程川生.智慧化背景下学生参与图书馆管理的实践与思考[J].河南图书馆学刊,2021,41(01):86-88.

[40]严潮斌,李泰峰.高校图书馆资源与服务体系建设研究[M].北京:北京邮电大学出版社,2015.

[41]杨鹃.高校智慧图书馆建设与应用研究[M].咸阳:西北农林科技大学出版社,2020.

[42]张晋华.技术驱动环境下高校图书馆智慧服务推进路径——以山西大学商务学院图书馆为例[J].图书馆学刊,2021,43(02):59-63.

[43]张帅,解雨濛.智慧校园平台下的高校图书馆智慧化发展探究[J].科技风,2021(08):19-20.

[44]赵倩.云环境下高校图书馆智慧管理系统模型构建与功能实现[J].才智,2020
(14):245.

[45]郑杰雄.智慧图书馆环境下高校图书馆精细化管理研究[J].兰台内外,2020(01):
63-64.

[46]郑幸子.高校图书馆管理与服务创新[M].长春:吉林大学出版社,2018.

[47]周娜,戴萍.高校智慧图书馆知识服务研究[M].北京:中国国际广播出版社,2020.

[48]周文学,顾洁.大数据时代高校图书馆智慧化服务[M].哈尔滨:哈尔滨出版社,2020.

[49]宗斌."互联网＋"高校图书馆智慧化服务模式管窥[J].传媒论坛,2021,4(09):
147-148.

[50]左平熙.大数据时代高校图书馆智慧服务的逻辑与路径[J].图书馆工作与研究,2021
(05):48-54.